TOM GRIMM

DAS KLEINE KOCH- UND BACKBUCH FÜR POTTERHEADS

HEEL

ORIGINALAUSGABE

HEEL Verlag GmbH
Gut Pottscheidt
53639 Königswinter
Tel.: 02223 9230-0
Fax: 02223 9230-13
E-Mail: info@heel-verlag.de
Internet: www.heel-verlag.de

PROJEKTLEITUNG: Hannah Kwella
PROJEKTREDAKTION, TEXTE & REZEPTE: Tom Grimm, Grinning Cat Productions
KREATIVE MITARBEIT & MISE EN PLACE: Katja Böhm
FOODFOTOGRAFIE: Dimitrie Harder & Tom Grimm
GRAFIKDESIGN, SATZ & LAYOUT: Roberts Urlovskis
UMSCHLAGGESTALTUNG: Ralph Handmann, Wachtberg

Printed in Croatia

ISBN: 978-3-96664-340-5

Bibliografische Information der Deutschen Nationalbibliothek
Die Deutsche Nationalbibliothek verzeichnet diese Publikation in der Deutschen Nationalbibliografie; detaillierte bibliografische Daten sind im Internet über http://dnb.d-nb.de abrufbar.

TOM GRIMM

DAS KLEINE KOCH- UND BACKBUCH FÜR POTTERHEADS

HEEL

Inhalt

Hagrids Kochversuche

Zu Gast bei der Todestagsfeier des fast kopflosen Nick

Magisches aus der Zauberwelt

Zaubern für Muggel!

An seinem 11. Geburtstag eröffnet sich dem Waisenkind Harry Potter nicht bloß eine Welt der Wunder und Magie, sondern auch ein ganzes Universum kulinarischer Genüsse!

Nachdem die grässlichen Dursleys dem »Jungen, der überlebt hat«, jahrelang kaum die Reste von ihrem Tisch gegönnt haben, findet Harry sich mit einem Mal in einem wahren Schlaraffenland wieder. Wohin er auch blickt, Leckereien aller Art: in den Restaurants und Cafés in der Winkelgasse, im Hogwarts-Express, bei den Weasleys, in Gaststätten wie dem *Drei Besen* und dem *Tropfenden Kessel*, im *Honigtopf* und natürlich in Hogwarts, wo in der Großen Halle zu allen Mahlzeiten stets üppig gedeckte Tafeln mit den wunderbarsten Speisen darauf warten, von hungrigen Schülern verschlungen zu werden.

Essen und Trinken spielt in der Zauberwelt von Harry Potter eine elementare Rolle. Nicht von ungefähr fallen Harry bei seinem ersten Besuch im »Fuchsbau« auf dem Kaminsims »drei Reihen tief vollgepackt mit Büchern« auf, allesamt Kochfibeln mit so vielversprechenden Titeln wie *So zaubern Sie Ihren eigenen Käse*, *Magie beim Backen* und *Festessen in einer Minute – Das ist Hexerei!* Harry liebt alles, was Mrs. Weasley – für ihn die beste Köchin der Welt – zubereitet. Allerdings zaubert Rons Mutter diese Köstlichkeiten keineswegs aus dem Nichts herbei, wie ihr Sohn behauptet. Denn hätte Ron im Unterricht ein bisschen besser aufgepasst, wüsste er, dass das Herbeizaubern von Essen eine der fünf »Wesentlichen Ausnahmen« von »Gamps Gesetz der elementaren Transfiguration« ist. Sprich: Ein Festessen lässt sich nicht einfach aus der leeren Luft zaubern! Vielmehr ruft man bereits existierende Speisen und Getränke von anderswo herbei, z. B. aus der Schulküche, aus einem Restaurant oder einem Vorratsschrank. Irgendjemand muss sie bereits zubereitet haben, mit dem nötigen Geschick, nach Rezept und unter Verwendung der entsprechenden Zutaten – also genau wie im wahren Leben!

In ihren Harry-Potter-Romanen beschreibt J. K. Rowling sage und schreibe 200 verschiedene Gerichte, vom Frühstück übers Mittag- und Abendessen bis hin zu allen Arten von Snacks und Süßigkeiten, viele davon phantastisch, der Großteil jedoch überaus irdisch und damit auch für all jene von uns gut zuzubereiten, die keine Möglichkeit haben, so exotische Zutaten wie Drachenfleisch, Kiemenkraut oder Goldlackwasser zu beschaffen. Über 50 dieser Speisen und Getränke finden sich auf den folgenden Seiten, darunter Zauberwelt-Klassiker wie u. a. Harrys Geburtstagstorte, Bertie Botts Bohnen, Schokofrösche, Felsenkekse, Würgzungentoffees und, natürlich, Butterbier.

Doch vergessen Sie nicht, dass diese Rezepte nicht in Stein gemeißelt sind! Im Gegenteil: Letzten Endes sind es vielmehr Denkanstöße, um die eigene Kreativität anzuregen. Denn das Großartigste am Kochen, genau wie beim Brauen von Tränken und beim Ausprobieren neuer Zaubersprüche, ist schließlich das Experimentieren. Und wie in der Zauberwelt gilt auch in der Muggel-Küche: Die einzigen Grenzen sind die unserer Phantasie! Der größte Zauber, dessen wir fähig sind – egal, ob Muggel oder Zauberer – ist, andere glücklich zu machen. Und wie ginge das besser als mit einem legendär leckeren gefüllten Festtagshuhn, Kreachers Zwiebelsuppe, einem Teller deftiger Beauxbatons-Bouillabaisse oder Florean Fortescues berühmten Chili-Eis? Damit zaubern Sie Ihren Liebsten garantiert ein Lächeln auf die Lippen – und das ganz ohne Hexerei!

In diesem Sinne: Viel Spaß beim Zaubern!

Tom Grimm

Süsses aus dem Honigtopf

NEYDU

Bertie Botts Bohnen

ZUTATEN
FÜR CA. 400 G BOHNEN IN ALLEN GESCHMACKSRICHTUNGEN

100 ml Wasser zzgl. 2 EL für die Glasur
100 ml Fruchtsirup, nach Wahl
250 g superfeiner Zucker
8 g gemahlene Gelatine
5 Tropfen Lebensmittelfarbe, nach Wahl
100 g Puderzucker
Kochspray

Außerdem erforderlich:
2 Miniostereier-Silikonformen, Zuckerthermometer

1. 100 ml Wasser, den Fruchtsirup und den Zucker in einen Topf geben und bei niedriger Hitze unter behutsamem Rühren so lange erwärmen, bis sich der Zucker vollständig aufgelöst hat. Dann die gemahlene Gelatine einrühren.
2. Unter ständigem Rühren so lange erwärmen, bis der Zuckersirup eine Temperatur von 110 °C erreicht (ca. 20 Minuten). Hierbei größte Vorsicht walten lassen, da der Sirup sehr heiß ist und Spritzer auf der Haut schwere Verbrennungen verursachen können! Regelmäßig mit einem Thermometer die Temperatur überprüfen!
3. Die Silikonformen großzügig mit dem Kochspray einsprühen.
4. Sobald der Sirup die notwendige Temperatur erreicht hat, die Lebensmittelfarbe in der gewünschten Farbe einrühren und den Zuckersirup gleichmäßig in die Mulden der Silikonformen füllen. Die Oberseiten mit einem Kochspatel glattstreichen, die Formen mit Frischhaltefolie umwickeln und über Nacht trocknen lassen.
5. In einer kleinen Schüssel den Puderzucker mit 2 EL Wasser glattrühren. Die »Eierhälften« aus den Formen lösen. Die »Schnittflächen« der »Eierhälften« mit der Glasur bepinseln, jeweils zwei zusammenkleben und 30 Minuten trocknen lassen.

DOBBYS HAUSELFEN-TIPP: Mit diesem Rezept können Sie Bertie Botts Bohnen in jeder beliebigen Farbe und Geschmacksrichtung herstellen! Alles, was Sie hierfür variieren müssen, sind der verwendete Fruchtsirup und die Lebensmittelfarbe!

Little Whinging
SURREY.

Dumbledores Lieblingszitronendrops

ZUTATEN
FÜR CA. 350 G ZITRONENDROPS

Geschmacksneutrales Öl, für die Marmorplatte
300 g Zucker
150 g Traubenzucker
100 ml Wasser
2 TL Ascorbinsäure
15 Tropfen naturreines Zitronenöl
3 Tropfen gelbe Lebensmittelfarbe
1 gute MSP Talkumpulver

Außerdem erforderlich: Zuckerthermometer, große Marmorplatte (ca. 50 × 35 cm)

1. Die Marmorplatte dünn mit Öl einstreichen.
2. Den Zucker, den Traubenzucker und das Wasser in einen kleinen Topf geben und behutsam bei starker Hitze aufkochen. Hierbei größte Vorsicht walten lassen, da die Zuckermasse sehr heiß ist und Spritzer auf der Haut schwere Verbrennungen verursachen können! Die Temperatur regelmäßig mit einem Zuckerthermometer prüfen und das Gemisch so lange erhitzen, bis 155 °C erreicht sind (ca. 10 Minuten).
3. Ab jetzt sind vier Hände besser als zwei, man arbeitet also am besten zu zweit! Jetzt gilt es, die heiße Zuckermasse gleichmäßig auf die eingefettete Marmorplatte zu gießen; dabei aufpassen, dass nichts am Rand hinunterläuft! Gleichzeitig zügig mit einem Spatel die Masse immer wieder von der Platte lösen und durchkneten. Die Ascorbinsäure, das Zitronenöl und die Lebensmittelfarbe dabei gleichmäßig auf der Zuckermasse verteilen und schnell einarbeiten.
4. Sobald die Bonbonmasse soweit abgekühlt ist, dass man sie gefahrlos anfassen kann, mit den Händen in dünne Stränge ziehen und mit einer Haushaltsschere murmelgroße Stücke abschneiden. Die Drops zusammen mit dem Talkumpulver in einen Gefrierbeutel geben, diesen verschließen und gut durchschütteln, damit die Drops von dem Pulver überzogen sind und nicht aneinanderkleben.
5. In einem luftdicht verschließbaren Behälter aufbewahrt, sind Dumbledores Lieblingszitronendrops 1-2 Monate haltbar.

Kanarienwindbeutel

ZUTATEN FÜR CA. 10-12 KANARIENWINDBEUTEL

Für den Teig:
125 ml Wasser
25 g Butter
75 g Mehl
15 g Speisestärke
2 Eier
1 MSP Backpulver

Für die Füllung:
400 g Sahne
2 Päckchen Sahnesteif
30 g Puderzucker
1 Päckchen Vanillezucker
Saft von ½ Zitrone
5 Tropfen gelbe Lebensmittelfarbe

1. Den Backofen auf 200 °C Ober-/Unterhitze vorheizen. Ein Backblech mit Backpapier auslegen.
2. Das Wasser mit der Butter in einem kleinen Topf aufkochen. Den Topf vom Herd nehmen. Das Mehl in einer Schüssel mit der Speisestärke vermischen und mit in den Topf geben. Alles zu einem glatten Teig verrühren, dann 1 Minute unter ständigem Rühren erhitzen.
3. Den Teig in eine Rührschüssel geben. Nacheinander die Eier mit einem Mixer mit Knethaken-Aufsatz auf höchster Stufe in den Teig rühren. Dann das Backpulver einarbeiten.
4. Mit einem Spritzbeutel mit großer Sterntülle mit ausreichend Abstand zueinander 10-12 Teighäufchen auf das Backblech geben und für ca. 20 Minuten im vorgeheizten Ofen backen. Achtung: Während der Backzeit die Ofentür nicht öffnen, da das Gebäck sonst in sich zusammenfällt!
5. Die Windbeutel nach der Backzeit sofort aus dem Ofen nehmen, mit einem scharfen Messer die »Deckel« abschneiden und das Gebäck auf einem Kuchenrost vollständig abkühlen lassen.
6. Unterdessen die Füllung zubereiten. Hierzu die Sahne in eine Schüssel geben, das Sahnesteif, den Puderzucker, das Vanillepulver, den Zitronensaft und die Lebensmittelfarbe hinzufügen und alles mit einem Handmixer steif schlagen. Sind die Windbeutel schließlich abgekühlt, mit einem Spritzbeutel oder einem Gefrierbeutel mit abgeschnittener Ecke in das Gebäck füllen.

Kandierte Ananas

ZUTATEN FÜR 4 PORTIONEN

1 Ananas
1 l Wasser
1 kg Zucker
Saft von 1 Zitrone
Etwas extrafeiner Zucker

1. Die Ananas mit einem großen, scharfen Messer oder einem Ananasschneider von Schale und Strunk befreien. In etwa fingerdicke Scheiben und diese dann in mundgerechte Stücke schneiden. In einen mittelgroßen Topf geben und das Wasser dazugießen. Bei mittlerer Hitze kurz aufkochen. Ca. 18-20 Minuten unter gelegentlichem Rühren offen köcheln lassen. Die Ananasstücke anschließend mit einem Schaumlöffel herausnehmen, gründlich in einem Sieb abtropfen lassen und in eine große Schüssel geben.
2. 250 g Zucker in die Kochflüssigkeit einrühren. Den Zitronensaft dazugeben, unterrühren und das Ganze ca. 3 Minuten bei mittlerer Hitze kochen lassen. Vom Herd nehmen, ein wenig abkühlen lassen und über die Ananasstücke in der Schüssel gießen. Einen möglichst schweren Teller umgedreht darauflegen, sodass alle Stücke mit Flüssigkeit abgedeckt sind. 24 Stunden ruhen lassen.
3. Die Ananasstücke aus der Schüssel nehmen und in einem Sieb gründlich abtropfen lassen. Den Saft dabei auffangen, in einen Topf geben und mit 100 g Zucker verrühren. Unter stetem Rühren bei mittlerer Hitze aufkochen und ca. 2 Minuten kochen lassen. Vom Herd nehmen und etwas abkühlen lassen. Die abgetropfte Ananas dann wieder zurück in die Schüssel geben und den Saft darübergießen. Wie gehabt mit einem schweren Teller abdecken und erneut 24 Stunden ruhen lassen.
4. Das Ganze an den darauffolgenden drei Tagen wiederholen. An Tag 3 und 4 jeweils 150 g Zucker dazugeben. Das Ganze nochmals wiederholen, dieses Mal aber 250 g Zucker dazugeben. Anschließend geschlagene 48 Stunden ruhen lassen.
5. Die Ananasstücke mitsamt des Sirups in einen Topf geben. Bei mittlerer Hitze unter stetem Rühren aufkochen und ca. 5 Minuten köcheln lassen. Derweil ein Backblech mit Alufolie auslegen und ein Backrost darauf stellen. Den Backofen auf 100 °C vorheizen.
6. Die Ananasstücke nun vorsichtig (am besten mit zwei Gabeln) aus dem Topf nehmen und zum Abtropfen auf das Backrost legen. Ca. 12-18 Stunden im Ofen trocknen lassen; die Ofentür dabei mit einem Holzlöffel einen Spaltbreit offenhalten, damit alle Feuchtigkeit entweichen kann. Den Herd anschließend ausschalten und die Ananas darin ein wenig abkühlen lassen.
7. Den extrafeinen Zucker in einen großen, tiefen Teller streuen. Die trockenen, aber noch leicht klebrigen Ananasstückchen ringsum in dem Zucker wälzen, damit sie vollständig davon bedeckt sind. In einem luftdicht verschließbaren Behälter aufbewahren; dabei zwischen die Ananaslagen jeweils etwas Wachspapier legen, damit die Stücke nicht zusammenkleben.
Die kandierte Ananas ist bis zu 4 Wochen haltbar.

Kesselkuchen

ZUTATEN
FÜR CA. 10 STÜCK

3 Eier
100 ml Buttermilch
150 ml Naturjoghurt
150 g Mehl
2 EL Vanillezucker
1 Päckchen Backpulver
1 Prise Salz
Olivenöl

Zum Servieren:
Karamellsoße, grob gehackte Walnüsse, Schlagsahne, Früchte der Saison, etc.

1. Die Eier in einer Schüssel zu einer schönen, hellen Schaummasse verquirlen. Die Buttermilch und den Naturjoghurt unterrühren, dann nach und nach das Mehl, den Vanillezucker, das Backpulver und das Salz hinzufügen und unter ständigem Rühren zu einem glatten Teig verarbeiten, der zwar noch dickflüssig, aber schön geschmeidig und gut gießbar ist. 15 Minuten ruhen lassen.
2. Den Backofen auf 80 °C vorheizen.
3. Bei mittlerer Hitze in einer möglichst großen, beschichteten Bratpfanne jeweils ca. 1 TL Olivenöl erwärmen und mit einem Schöpflöffel die gewünschte Teigmenge hineingeben. Wer kleinere Kesselkuchen möchte, verwendet entsprechend weniger Teig. In der Regel passen 3-4 Kesselkuchen in eine Pfanne.
4. Die Kesselkuchen jeweils ca. 2-3 Minuten von beiden Seiten goldbraun ausbacken; dabei regelmäßig mit einem Pfannenheber wenden, sobald sich auf der Oberfläche kleine Bläschen bilden. Wichtig hierbei ist, möglichst wenig Öl zu verwenden und die Kesselkuchen nicht zu heiß werden zu lassen, damit sie schön luftig bleiben!
5. Die fertigen Kesselkuchen auf einen flachen Teller geben, locker mit Alufolie abdecken und zum Warmhalten in den vorgeheizten Ofen stellen. Sind schließlich alle Kesselkuchen fertig, sofort servieren. Dazu z. B. Karamellsoße, grob gehackte Walnüsse, Schlagsahne, Puderzucker oder frische Früchte der Saison reichen.

DOBBYS HAUSELFEN-TIPP: Wer seine Kesselkuchen lieber herzhaft mag, lässt den Zucker und den Vanillezucker einfach weg!

HONEYDUKES

Pfefferminzbonbons

ZUTATEN
FÜR CA. 50-80 BONBONS
(JE NACH BONBONGRÖSSE)

150 ml Wasser
450 g Zucker
80 g Traubenzucker
3-4 Tropfen Pfefferminzöl
Grüne Lebensmittelfarbe
Puderzucker

Außerdem erforderlich:
Zuckerthermometer, Silikonmatte

1. Das Wasser, den Zucker und den Traubenzucker in einen kleinen Topf geben und bei mittlerer Hitze so lange verrühren, bis sich der Zucker vollständig aufgelöst hat. Die Hitze dann erhöhen und ab sofort nicht mehr weiter umrühren! Mit einem Zuckerthermometer die Temperatur kontrollieren, bis das Ganze genau 155 °C heiß ist. Vom Herd nehmen und auf eine hitzebeständige Unterlage stellen.
2. Zügig das Pfefferminzöl und (je nach gewünschter Farbintensität) die Lebensmittelfarbe unterrühren.
3. Die Masse vorsichtig auf die Silikonmatte gießen. Achtung: Sehr heiß! 1-2 Minuten ruhen lassen, damit die Masse etwas fester wird. Dann mit einem Teigschaber oder einem leicht gefetteten Messer die späteren Bruchstellen in die Bonbonmasse drücken.
4. Unabgedeckt vollständig trocknen lassen und anschließend an den Bruchstellen mit den Händen in einzelne Bonbons aufbrechen.
5. Den Puderzucker in eine Schüssel geben und die Pfefferminzbonbons so darin wälzen, dass sie ringsum damit bedeckt sind. In einem luftdicht verschließbaren Behältnis aufbewahren.

9 3/4
HOGWARTS
EXPRESS

Schokofrösche

ZUTATEN
FÜR 6 SCHOKOFRÖSCHE

250 g Zartbitterkuvertüre, fein gehackt
2-3 Tropfen Pfefferminzöl
2-3 Tropfen Vanilleextrakt

Außerdem erforderlich:
Frosch-Pralinenform

1. ⅔ der Schokolade in eine Metallschüssel geben und behutsam unter regelmäßigem Rühren über einem Wasserbad schmelzen. Wichtig dabei: Die Schüssel darf das Wasser nicht berühren! Sobald die Kuvertüre flüssig ist, die Schüssel vom Herd nehmen und das restliche Drittel Schokolade unterrühren, bis sich alles aufgelöst hat. 2-3 Tropfen Pfefferminzöl und 2-3 Tropfen Vanilleextrakt hinzugeben und gründlich verrühren.
2. Die Schokolade nun vorsichtig in die Mulden der Pralinenform füllen und mehrmals behutsam mit einem Löffel gegen die Form klopfen, damit eventuelle Luftbläschen entweichen können. Locker mit Frischhaltefolie abdecken, in den Kühlschrank stellen und fest werden lassen.
3. Die Schokofrösche schließlich behutsam aus der Form lösen und verspeisen, bevor Ron Ihnen und Ihren Lieben zuvorkommt! Denn bekanntlich liebt Harrys bester Freund Schokofrösche über alles!

DOBBYS HAUSELFEN-TIPP: Die Original-Harry-Potter-Schokofrosch-Form kann man problemlos über das Internet beziehen! Sogar inklusive verschiedener Zauberer-Sammelkarten und Faltschachteln, wie man sie aus den Filmen kennt!

Leckeres aus dem Drei Besen

H
DORMIENS NUNQUAM TITILLANDUS

Butterbier

ZUTATEN
FÜR 4 BUTTERBIERE

1 EL Butter
2 EL Rohrzucker
1 Vanilleschote
500 ml Milch
100 ml Sahne
1 EL Zimt
½ EL Kakaopulver
½ Päckchen Vanillezucker
250 ml Malzbier

1. In einem Topf bei niedriger Hitze die Butter schmelzen. Den Rohrzucker hinzufügen und unter ständigem Rühren leicht karamellisieren lassen.
2. Die Vanilleschote mit einem scharfen Messer der Länge nach aufschneiden und das Mark herauskratzen. Die ausgekratzte Schote und das Vanillemark mit der Milch, der Hälfte der Sahne, dem Zimt, dem Kakaopulver und dem Vanillezucker in den Topf geben. Alles gründlich vermengen und kurz köcheln lassen. Den Topf dann vom Herd nehmen und das Malzbier einrühren.
3. Das Butterbier noch einmal kurz erwärmen, aber keinesfalls kochen, da sich sonst Flöckchen bilden! Vom Herd nehmen und etwas abkühlen lassen.
4. Derweil die restliche Sahne steif schlagen. Das warme Butterbier in hitzebeständige Gläser füllen und jeweils mit einem Löffel Schlagsahne krönen. Sofort servieren.

Elfenwein

MIT ALKOHOL

ZUTATEN
FÜR 1 DRINK

4 cl Wodka, eisgekühlt
14 cl Schweppes »Russian Wild Berry«, eisgekühlt
1 cl Himbeersirup
Frische Beeren, nach Belieben (optional)

1. Den eisgekühlten Wodka in ein Wein- oder Sektglas geben, mit Schweppes »Russian Wild Berry« aufgießen und den Himbeersirup dazugeben. Behutsam alles miteinander verrühren.
2. Nach Belieben mit frischen Beeren garnieren und sofort servieren.

Three Broomsticks
Gilly Water

Goldlackwasser

MIT ALKOHOL

ZUTATEN
FÜR 1 DRINK

5 cl Aprikosensaft
1 cl Apricot Brandy
Einige Eiswürfel
8 cl Sekt, halbtrocken oder trocken, eiskalt
Etwas essbares Blattgold, fein zerrupft

1. Den Aprikosensaft und den Apricot Brandy zusammen mit einigen Eiswürfeln in den Shaker geben und kräftig schütteln.
2. Die Mischung durch ein Barsieb in eine große Cocktailschale seihen, mit eiskaltem Sekt aufgießen und für den dramatischen Effekt etwas essbares Blattgold einrühren.

Heiße Schokolade

ZUTATEN
FÜR 2 PORTIONEN

50 g Sahne
500 ml Milch
2 EL ungesüßter Kakao
1 Päckchen Vanillezucker
80 g Zartbitterschokolade, grob gehackt
1 Handvoll bunte Mini-Marshmallows

1. In einem Rührbecher die Sahne steif schlagen.
2. Die Milch, den ungesüßten Kakao, den Vanillezucker und die gehackte Zartbitterschokolade in einem Topf bei mittlerer Hitze unter beständigem Rühren so lange erwärmen, bis die Schokolade vollständig geschmolzen ist. Dabei unbedingt darauf achten, dass die Milch nicht anfängt zu kochen! Bei Bedarf die Hitze reduzieren.
3. Vom Herd nehmen, 2-3 Minuten abkühlen lassen, dann nochmal gründlich umrühren und auf zwei Becher oder hitzebeständige Gläser verteilen. Jeweils nach Belieben Schlagsahne darauf geben und mit Mini-Marshmallows krönen. Sofort servieren.

Shepherd's Pie

ZUTATEN
FÜR 4-5 PORTIONEN

600 g mehligkochende Kartoffeln, grob gewürfelt
4 EL Öl
2 Zwiebeln, fein gehackt
800 g Hackfleisch vom Lamm
2 EL Tomatenmark
300 ml Rinderfond
200 g TK-Erbsen und -Möhren
Salz, frisch gemahlener schwarzer Pfeffer
1 EL Paprikapulver (edelsüß)
40 g Butter, in Stücken, zzgl. noch etwas mehr, zum Einfetten der Auflaufform
200 ml Milch
1 kräftige Prise Muskatnuss
Etwas frisch gehackte Petersilie

Außerdem erforderlich:
Auflaufform (ca. 25 x 19 cm)

1. In einem großen Topf bei mittlerer Hitze stark gesalzenes Wasser erwärmen. Die Kartoffelwürfel hineingeben und 20 Minuten kochen bzw. so lange, bis sie gar sind.
2. In der Zwischenzeit das Öl bei mittlerer Hitze in einer Pfanne erwärmen und die Zwiebeln glasig anschwitzen. Dann das Lammhack dazugeben und ringsum goldbraun und bröselig anbraten. Das Tomatenmark einrühren, mit dem Rinderfond aufgießen und die TK-Erbsen und -Möhren hinzufügen. Alles gut verrühren und mit Salz, Pfeffer und Paprikapulver würzen. Unabgedeckt unter stetem Rühren 10 Minuten köcheln lassen.
3. Derweil den Backofen auf 200 °C vorheizen.
4. Die gegarten Kartoffeln abgießen, die Butterstücke hineingeben und die Kartoffeln möglichst fein zerstampfen. Die Milch hinzufügen, kräftig mit Pfeffer, Salz und Muskatnuss würzen und cremig rühren.
5. Eine Auflaufform mit Butter einfetten, die Hackfleisch-Gemüse-Mischung hineingeben und gleichmäßig in der Form verteilen. In einer Schicht den Kartoffelbrei darauf verteilen, glattstreichen, locker mit Alufolie abdecken und 30 Minuten in den vorgeheizten Ofen geben. 5 Minuten vor Ablauf der Zeit die Alufolie entfernen, damit die Oberseite etwas Farbe und eine leichte Kruste bekommt.
6. Den Auflauf aus dem Ofen nehmen, kurz abkühlen lassen, mit frisch gehackter Petersilie bestreuen und in der Form servieren.

Mulled Mead
SHIPPED AND BOTTLED IN LONDON
BY WIZARD BREWERIES

Warmer Würzmet

ZUTATEN
FÜR CA. 3 L WÜRZMET

750 ml Apfelsaft (naturtrüb)
2½ g Reinzuchthefe
2,5 l Wasser, abgekocht
1,5 kg Honig
2½ Tabletten Hefenährsalz (ca. 0,8 g)
25 g Johanniskraut
15 g Mädesüß
10 g Eisenkraut
1-2 ml Kieselsol (aus der Apotheke)

Außerdem erforderlich:
Gärballon (ca. 5 l) mit Gäraufsatz und Gummistopfen, Thermometer, Flaschen (zum Abfüllen)

1. Als erstes den Gärballon und alle weiteren Utensilien so gut wie möglich sterilisieren, entweder durch 10-minütiges Auskochen in heißem Wasser (falls Sie einen Topf haben, der groß genug dafür ist) oder durch gründliches Durchspülen mit lebensmittelechtem Desinfektionsmittel wie z. B. einer Sodalösung. Sorgsames Nachspülen mit klarem Wasser nicht vergessen!
2. Die Hefekultur ansetzen. Hierzu 250 ml Apfelsaft in ein steriles Glas gießen, vorsichtig die Hefe einrühren, abdecken und ca. 1½ Stunden an einen warmen Ort gehen lassen.
3. In der Zwischenzeit in einem großen Topf das Wasser abkochen. Dabei darauf achten, dass das Wasser anschließend wieder auf unter 25 °C abgekühlt, da die Hefe höhere Temperaturen nicht überlebt! Das Wasser dann zusammen mit dem Honig, dem restlichen Apfelsaft und dem Hefenährsalz in ein ausreichend großes Gefäß geben und gründlich verrühren. Anschließend die Hefekultur unterheben und am besten mit einem Trichter in den sterilen Gärballon füllen. Das Johanniskraut, das Mädesüß und das Eisenkraut mit hineingeben. Den Gärballon mit dem Gummistopfen verschließen und 4 Wochen an einem warmen Ort gären lassen; den Ballon in dieser Zeit mindestens einmal am Tag schwenken, damit sich die Hefe nicht absetzt.
4. Anschließend nochmals 4 Wochen gären lassen, in dieser Zeit jedoch nicht mehr schwenken! Dass die Gärung beendet ist, erkennt man daran, dass im Gärröhrchen keine Bläschen mehr aussteigen. ERST JETZT (keinesfalls vorher!) den Gärballon öffnen und das Kieselsol hinzufügen, das dafür sorgt, dass die Hefe ausschlackt und zu Boden sinkt. Noch eine weitere Woche gären lassen, dann den Met durch ein feines Sieb in die sterilisierten Flaschen füllen. Luftdicht verschlossen ist der Met ca. 3 Monate haltbar.
5. Den Würzmet vor dem Genuss in einem Topf auf niedriger Stufe unter stetem Rühren erwärmen. In hitzebeständige Gläser oder Becher füllen und sofort servieren!

Das Beste aus Molly Weasleys Zauberküche

Corned Beef-Sandwich

ZUTATEN
FÜR 4 PERSONEN

½ rote Zwiebel, fein gehackt
4 EL Remouladensoße
1 TL Meerrettich
1 TL Worcestersoße
3 EL Tomatenketchup
8 Scheiben oder 1 kleine Dose Corned Beef (ca. 250 g)
Etwas Blattsalat, gewaschen
200 g Sauerkraut, abgetropft
8 Scheiben Bauernbrot
Butter
4 Scheiben Käse
Salz, Pfeffer, Tabascosoße

1. In einer kleinen Schüssel die gehackte Zwiebel mit der Remoulade, dem Meerrettich, der Worcestersoße und dem Ketchup verrühren.
2. Das Corned Beef in dünne Scheiben schneiden und das Sauerkraut etwas zerrupfen.
3. Den Backofen auf 200 °C vorheizen.
4. Jede Brotscheibe mit etwas Butter bestreichen. Die Hälfte der Brotscheiben jeweils mit einem großen Blatt Salat, etwas Sauerkraut, zwei Scheiben Corned Beef und dem Käse belegen. Mit Salz und Pfeffer würzen und nach Belieben etwas Tabascosoße darauf verteilen. Schließlich je eine zweite gebutterte Brotscheibe darauflegen.
5. Die Sandwiches in Alufolie einwickeln und für ca. 10-15 Minuten im vorgeheizten Ofen backen. Der Käse soll zerlaufen und das Brot an den Rändern knusprig sein. Vor dem Servieren etwas abkühlen lassen!

Eierpunsch

MIT ALKOHOL

ZUTATEN
FÜR 8 GLÄSER BZW. 1 L

8 Eigelb
150 g Zucker
½ EL Zimt sowie noch etwas mehr, als Garnitur
2-3 EL Zitronensaft
100 g Sahne
800 ml trockener Weißwein
4 EL Rum

1. Das Eigelb in eine Rührschüssel geben und zusammen mit dem Zucker, dem Zimt und dem Zitronensaft mit dem Schneebesen eines Handrührgeräts ca. 10 Minuten richtig schaumig schlagen.
2. In einer separaten Schüssel die Sahne aufschlagen.
3. Die Eiercreme in einen hohen Kochtopf geben. Den Weißwein und den Rum unterrühren. Das Ganze bei schwacher Hitze unter ständigem Rühren erwärmen, damit nichts anbrennt oder ansetzt. Zuletzt noch einmal kurz aufschlagen und in die Gläser oder in eine heiß ausgespülte, ausreichend große Flasche füllen, falls der Eierpunsch erst später genossen werden soll; in diesem Fall unbedingt im Kühlschrank lagern!
4. Den Eierpunsch (egal, ob warm oder kalt) mit einer Haube aus Schlagsahne krönen und mit etwas Zimt bestreut servieren!

DOBBYS HAUSELFEN-TIPP: Dieses Rezept lässt sich auch problemlos ohne Alkohol zubereiten. Dann statt des Weißweins einfach dieselbe Menge Vollmilch verwenden und den Rum durch etwas schwarzen Tee ersetzen!

Hackbällchen in Zwiebelsoße

ZUTATEN
FÜR 4 PORTIONEN

Für die Hackbällchen:
600 g Hackfleisch, gemischt
20 g Semmelbrösel
1 Ei
1 Schalotte, fein gewürfelt
2 EL Senf (mittelscharf)
Salz, Pfeffer
1 Prise Muskatnuss
2 EL Butter

Für die Zwiebelsoße:
400 g Zwiebeln, in Ringe geschnitten
1 Knoblauchzehe, fein gewürfelt
300 ml Rinderfond
200 ml Weißwein
1 EL Zitronensaft
2 EL Schmand
Salz, frisch gemahlener schwarzer Pfeffer
2 EL Speisestärke (optional)

1. Das Hackfleisch, die Semmelbrösel, das Ei, die Schalotte und den Senf in eine große Schüssel geben, mit Salz, Pfeffer und Muskatnuss würzen und gründlich verkneten. Aus dem Fleischteig mit leicht angefeuchteten Händen golfballgroße Bällchen formen.

2. In einer großen Pfanne bei mittlerer Hitze die Butter schmelzen und die Hackbällchen von allen Seiten ringsum goldbraun anbraten (ca. 5 Minuten). Dann aus der Pfanne nehmen und beiseitestellen.

3. Die Zwiebelringe in das Bratfett in der Pfanne geben und so lange dünsten, bis sie rundherum etwas Farbe angenommen haben. Nun den Knoblauch hinzufügen und mit anschwitzen. Mit dem Rinderfond und dem Weißwein ablöschen, den Zitronensaft dazugeben und kurz aufkochen. Den Schmand unterrühren, mit Salz und Pfeffer würzen und die Hackbällchen in der heißen Zwiebelsoße einige Minuten warm werden lassen.

RAVENCLAW
HOGWARTS
GRYFFINDOR
SLYTHERIN

Hogwartser

ZUTATEN
FÜR CA. 8 STÜCK

Für den Teig:
250 g Mehl
1 Päckchen Backpulver
1 Päckchen Puddingpulver mit Karamellgeschmack
100 g Butter
100 g Zucker
1 Prise Salz
Etwas Vanilleextrakt
2 Eier
60 ml Milch

Für die Dekoration:
200 g Puderzucker
3 EL Zitronensaft
Verschiedenfarbiger Fondant (rot, grün, gelb, blau)

Außerdem erforderlich: Silikonstempel der verschiedenen Hogwarts-Häuser, Spritzbeutel

1. Den Backofen auf 200 °C Ober-/Unterhitze vorheizen. Ein Backblech mit Backpapier auslegen.
2. Das Mehl in einer Schüssel mit dem Backpulver und dem Puddingpulver vermischen.
3. In einer separaten Schüssel die Butter mit dem Zucker, dem Salz und dem Vanilleextrakt mit einem Handmixer schaumig schlagen. Einzeln, eins nach dem anderen. Die beiden Eier nacheinander unterrühren. Nach und nach die Mehl-Puddingpulver-Mischung in die Buttermasse sieben, die Milch unterrühren und alles gründlich durcharbeiten.
4. Den Teig in einen Spritzbeutel füllen und acht gleich große Teigkleckse mit genügen Abstand auf das Backblech spritzen (Falls ihr gerade keinen Spritzbeutel zur Hand habt, einfach von einem Gefrierbeutel eine kleine Ecke abschneiden). Ca. 10-15 Minuten im vorgeheizten Ofen backen. Aus dem Ofen nehmen und vollständig abkühlen lassen.
5. Den bunten Fondant dünn ausrollen, jeweils kreisrunde Stücke mit einem Glas ausstechen, das ein bisschen größer als die Hogwarts-Silikonstempel sind, und den Fondant der jeweiligen Hausfarbe mit dem entsprechenden Wappen prägen. Zur Erinnerung: Gryffindor ist rot, Hufflepuff gelb, Ravenclaw blau und Slytherin grün.
6. In einer kleinen Schüssel den Puderzucker mit dem Zitronensaft verrühren. Den Zuckerguss gleichmäßig auf die »Hogwartser« aufstreichen. Dann die Fondant-Wappen passgenau auf den noch warmen, klebrigen Zuckerguss legen, leicht andrücken und ein paar Minuten warten, bis sie festgeklebt sind.

DOBBYS HAUSELFEN-TIPP: Die Hogwarts-Silikonstempel bekommt ihr gesammelt für ca. 18,- Euro im Internet!

Ingwerkekse

ZUTATEN
FÜR CA. 25 KEKSE

220 g weiche Butter
140 g Rohrzucker
1 TL Ingwer, frisch gerieben
350 g Mehl
½ Päckchen Backpulver
50 g kandierter Ingwer, fein gehackt

1. Den Backofen auf 200 °C Ober-/Unterhitze vorheizen. Ein Backblech mit Backpapier auslegen.
2. Die weiche Butter mit dem Rohrzucker in einer Rührschüssel cremig schlagen. Den Ingwer untermengen.
3. In einer separaten Schüssel das Mehl mit dem Backpulver vermengen und in die Butter-Zucker-Mixtur sieben. Alles gründlich miteinander vermischen. Den Ingwer dazugeben und mit den Händen zu einem geschmeidigen Teig verarbeiten.
4. Aus dem Teig ca. 25 walnussgroße Bälle formen, auf das vorbereitete Backblech legen und mit einer angefeuchteten Gabel oder den Händen zu einer Dicke von ca. 1 cm plattdrücken. Die Ingwerkekse dann 12-15 Minuten goldbraun backen. Anschließend aus dem Ofen nehmen und auf einem Kuchengitter vollständig abkühlen lassen.

Mince Pies

MIT ALKOHOL

ZUTATEN
FÜR 8 MINCE PIES

Für die Füllung:
300 g gemischte Trockenfrüchte, fein gewürfelt
150 g Rosinen
Abrieb von 1 Orange
75 g Rohrzucker
1 TL Zimt
1 TL Ingwer
½ TL gemahlene Nelken
100 ml Rum
Einige Tropfen Mandelextrakt
½ TL Vanilleextrakt
2 EL Honig

Für den Mürbeteig:
260 g weiche Butter
375 g Mehl
125 g Zucker
1 Prise Salz
2 Eier
Puderzucker

Außerdem erforderlich:
runder Keksausstecher (ca. 10 Ø), runder Keksausstecher (ca. 8 cm Ø), Hogwarts-Silikonkeksstempel, 8er-Muffin-Form

1. Die fein gewürfelten Trockenfrüchte, die Rosinen, den Orangenabrieb, den Rohrzucker, den Zimt, den Ingwer und die gemahlenen Nelken in einer Schüssel vermischen und gut mit dem Rum, dem Mandelextrakt, dem Vanilleextrakt und dem Honig vermengen. Mit Frischhaltefolie abdecken und für mindestens 12 Stunden im Kühlschrank ziehen lassen.
2. Die Butter und das Mehl in eine Schüssel geben, den Zucker, das Salz und ein Ei hinzufügen und alles mit einem Handmixer mit Knethaken zu einem geschmeidigen Teig verarbeiten. Mit einem sauberen Küchentuch abdecken und 10 Minuten im Kühlschrank kaltstellen.
3. Die Muffin-Form mit etwas Butter einfetten und mit Mehl bestreuen. Den Backofen auf 220 °C vorheizen.
4. Den Teig möglichst dünn (ca. 3 mm) auf einer gut bemehlten Oberfläche ausrollen und mit einem runden Keksausstecher 8 Kreise ausstechen, die groß genug sind, um den Boden und die Seiten der Mulden der Muffin-Form zu bedecken. Die Teigkreise dann vorsichtig in die Mulden legen und leicht andrücken. Die Teigreste neu verkneten, erneut ausrollen und daraus die gleiche Anzahl kleinerer Kreise ausstechen. Diese sorgfältig mit den Hogwarts-Silikonstempeln prägen.
5. Die Trockenfrüchte-Füllung in die Muffins geben, jeweils mit einem geprägten Teigrund verschließen und den Rand ringsum etwas andrücken.
6. In einer kleinen Schüssel das zweite Ei verquirlen und damit die Oberseite der Mince Pies bestreichen. Für 20 Minuten im vorgeheizten Ofen backen, danach etwas abkühlen lassen und mit Puderzucker bestreuen. Warm oder kalt genießen.

Weihnachtskuchen

MIT ALKOHOL

ZUTATEN FÜR 1 WEIHNACHTSKUCHEN

Für den Hefeteig:
150 g Rosinen
½ TL Zitronenschale
50 g Orangeat
50 g Zitronat
60 ml Rum
50 g gemahlene Mandeln
425 g Mehl
½ Würfel frische Hefe
75 ml lauwarme Milch
50 g Zucker
100 g Butter
1 Ei
1 Päckchen Vanillezucker
½ Prise Salz
½ TL Zimt
¼ TL Kardamom
¼ TL Muskatnuss

Zum Bestreichen:
40 g Butter
75 g Puderzucker

1. In einer großen Schüssel die Rosinen, die Zitronenschale, das Orangeat und das Zitronat mit dem Rum und den gemahlenen Mandeln vermischen. Mindestens 1 Stunde durchziehen lassen, besser über Nacht.
2. Das Mehl in eine große Schüssel geben und die Hefe hineinbröseln. 2 EL der lauwarmen Milch und eine Prise Zucker hinzufügen und kurz einmischen. Abgedeckt an einem warmen Ort ca. 30 Minuten gehen lassen.
3. Die Butter in kleinen Stücken in das Mehl geben. Nach und nach das Ei, den restlichen Zucker, den Vanillezucker, das Salz, den Zimt, den Kardamom und die Muskatnuss hinzufügen und jeweils kurz untermischen, dann mit einem Handmixer mit Knethaken auf höchster Stufe mindestens 10 Minuten gut durchkneten. Währenddessen nach und nach die restliche Milch dazugeben und unterkneten. Zum Schluss die Früchte-Rum-Nuss-Mischung einarbeiten und abgedeckt 30 Minuten gehen lassen.
4. Ein Backblech mit Backpapier auslegen.
5. Den Teig kurz durchkneten und zu einem länglichen Laib formen. Mit einem Nudelholz bis zur Hälfte über die lange Seite etwas abflachen. Die dickere Seite darüber schlagen und den Laib mit den Händen in die gewünschte Form bringen. Auf das Backblech geben und abgedeckt 30 Minuten gehen lassen. Derweil den Backofen auf 200 °C Umluft vorheizen.
6. Den Stollen ca. 40-45 Minuten im vorgeheizten Ofen backen. Nach 30 Minuten die Temperatur auf 180 °C reduzieren. Falls der Stollen zu dunkel wird, mit Alufolie abdecken, bis er fertig gebacken ist.
7. In der Zwischenzeit in einem Topf bei niedriger Hitze 40 g Butter schmelzen. Den Stollen aus dem Herd nehmen und sofort mit der Butter bestreichen. Etwas abkühlen lassen, dann nochmal mit flüssiger Butter bepinseln und großzügig mit Puderzucker bestreuen.

Köstlichkeiten aus Hogwarts

Beauxbatons-Bouillabaisse

ZUTATEN
FÜR 6 PORTIONEN

5 EL Olivenöl
2 Zwiebeln, fein gehackt
4 Knoblauchzehen, fein gehackt
½ kleine Zucchini, gestiftelt
1 Bund Suppengrün (Möhren, Sellerie, Lauch), grob geschnitten
1 kleine Fenchelknolle, grob geschnitten
1 EL Tomatenmark
750 ml Weißwein
200 g Pizzatomaten
500 ml Fischfond
50 ml Apfelsaft
1 MSP Safran
5-6 Stängel frischer Thymian, abgezupft
5-6 Stängel frisches Bohnenkraut, abgezupft
3 Lorbeerblätter
3-4 Wacholderbeeren
1 kleine getrocknete Chili, fein gehackt
500 g gemischte TK-Fischfilets (z. B. Seeteufel, Dorade, Rotbarbe)
300 g frische Miesmuscheln
200 g TK-Meeresfrüchte (z. B. Garnelen, Calamaretti)
Salz, frisch gemahlener schwarzer Pfeffer
½ Bund glatte Petersilie, fein gehackt

1. In einem großen Topf mit einem kräftigen Schuss Olivenöl die Zwiebeln und den Knoblauch anschwitzen. Die Zucchini, das grob geschnittene Suppengemüse und den Fenchel dazugeben und unter regelmäßigem Rühren ca. 5-10 Minuten scharf anbraten. Zwischendurch das Tomatenmark dazugeben und gut unterrühren.

2. Mit etwas Weißwein ablöschen, einkochen und dann den restlichen Wein dazugießen. Die Pizzatomaten, den Fischfond, den Apfelsaft, den Safran, eine gute Prise frisch gemahlenen schwarzen Pfeffer, den Thymian, das Bohnenkraut, die Lorbeerblätter, die Wacholderbeeren und die gehackte Chili hinzufügen und ggf. mit so viel Wasser auffüllen, dass alles von Flüssigkeit bedeckt ist. Bei mittlerer Hitze ca. 15-20 Minuten ohne Deckel köcheln lassen.

3. Die Fischfilets waschen, mit Küchenpapier trockentupfen, auf Gräten prüfen und in mundgerechte Stucke schneiden. Die Muscheln und die Meeresfrüchte säubern; bereits geöffnete Muscheln unbedingt entsorgen! Alles mit in den Topf geben und bei Bedarf mit so viel Wasser auffüllen, dass alles mit Flüssigkeit bedeckt ist. Bei mittlerer Hitze ca. 15 Minuten sanft köcheln lassen. Wichtig: Die Suppe darf jetzt nicht mehr kochen!

4. Die Suppe kosten und nach Belieben mit Salz und Pfeffer abschmecken. Die Lorbeerblätter und die Wacholderbeeren entfernen.

5. Die Bouillabaisse auf tiefe Teller verteilen. Fischstücke, Meeresfrüchte, Muscheln und Gemüse hübsch einlegen und mit etwas frisch gehackter Petersilie bestreut servieren. Dazu passt hervorragend frisches Baguette.

Brotpudding

ZUTATEN
FÜR 4 PORTIONEN

450 g Vanille-Eiscreme

2 Eier

400 g Brioche, in mundgerechten Stücken

1 kleine Prise Salz

Karamellsoße, nach Belieben

Außerdem erforderlich:
4 kleine Auflaufförmchen

1. Die Vanille-Eiscreme aus dem Gefrierschrank nehmen, in eine große Schüssel geben, dort schmelzen lassen und dann kräftig verrühren.
2. Den Backofen auf 180 °C vorheizen.
3. In einer kleinen Schüssel die Eier verquirlen und zu der Eiscreme geben. Eine kleine Prise Salz hinzufügen und alles gut miteinander vermischen.
4. Die Brioche mit in die Schüssel geben, alles gründlich vermengen und 10-15 Minuten einweichen lassen. Die Masse dann in die Auflaufförmchen füllen, die Oberseiten glattstreichen und 25 Minuten im Ofen backen.
5. Großzügig mit Karamellsoße beträufeln und sofort genießen!

Gefüllter Festtagstruthahn

ZUTATEN
FÜR 1 FESTTAGSTRUTHAHN
(CA. 10 PORTIONEN)

2 große Zwiebeln, fein gewürfelt
1 Apfel (säuerlich), entkernt, geschält und klein gewürfelt
100 g Geflügelleber, fein gewürfelt
250 g Thüringer Mett
¼ Bund Staudensellerie, sehr fein gewürfelt
2 Knoblauchzehen, fein gehackt
½ Bund frische Petersilie, fein gehackt
150 ml Hühnerbrühe
Salz, frisch gemahlener schwarzer Pfeffer
3 EL Olivenöl
2 Knoblauchzehen, gepresst
3 EL Paprikapulver
1 Truthahn/Pute (ca. 4-5 kg), küchenfertig
2 EL Orangensaft
50 ml Weißwein
2 EL Preiselbeermarmelade
Brauner Soßenbinder (optional)

Außerdem erforderlich:
Zahnstocher

1. Die Zwiebeln, den Apfel, die Geflügelleber, das Thüringer Mett, den Staudensellerie, den Knoblauch und die Petersilie in einer großen Schüssel mit der Hühnerbrühe vermischen. Mit etwas frisch gemahlenem schwarzem Pfeffer würzen und beiseitestellen.

2. Den Backofen bei 180 °C Ober-/Unterhitze vorheizen. Eine große Schale mit einem Fingerbreit Wasser ganz unten in den Ofen stellen, um später das Fett aufzufangen.

3. In einer kleinen Schüssel das Olivenöl, die gepressten Knoblauchzehen, das Paprikapulver, etwas Salz und eine kräftige Prise Pfeffer vermischen.

4. Den Truthahn gründlich abspülen, trockentupfen und mit der Hackfleisch-Apfel-Füllung stopfen. Die »Öffnung« mit Zahnstochern verschließen, den Vogel auf ein Bratgitter legen und ringsherum mit der Marinade einmassieren. Dann auf der niedrigsten Schiene in den vorgeheizten Backofen geben und je nach Gewicht ca. 5 Stunden garen. Die Faustregel hier lautet: 1 kg Fleisch = 1 Stunde Garzeit. In dieser Zeit regelmäßig (alle 15-20 Minuten) großzügig mit der übrigen Marinade und der Flüssigkeit aus der Auffangschale bepinseln.

5. Anschließend den Bratensaft aus der Schale durch ein Sieb in einen Topf geben, mit Orangensaft, Weißwein und 2 EL Preiselbeermarmelade abschmecken und ggf. mit Salz und Pfeffer würzen. Bei niedriger Hitze aufkochen und bei Bedarf mit etwas Soßenbinder andicken, falls das Ganze zu dünnflüssig ist. Zusammen mit dem Truthahn servieren. Dazu schmecken z. B. fluffiger Kartoffelstampf, grüne Bohnen oder Bratmaiskolben.

MR H POTTER

Rindergulasch

ZUTATEN FÜR 4 PORTIONEN

1 kg Rindfleisch (aus der Schulter)
2 EL Butterschmalz
1 kg Zwiebeln, fein gewürfelt
1 EL Tomatenmark
500 ml Rotwein (trocken)
500 ml Rinderfond
2 Knoblauchzehen, fein gehackt
3 EL Kümmelsamen
1 EL getrockneter Majoran
½ TL Zucker
1 EL abgeriebene Zitronenschale
3 EL Paprikapulver (edelsüß)
3 EL Paprikapulver (rosenscharf)
100 ml Saure Sahne
Salz, frisch gemahlener schwarzer Pfeffer

1. Das Rindfleisch von Fett und groben Sehnen befreien und in ca. 3 cm große Würfel schneiden.
2. Das Butterschmalz in einem großen Schmortopf erhitzen. Die Rindfleischwürfel darin bei mittlerer Hitze rundherum anbraten und herausnehmen. Die Zwiebeln im Bratfett glasig dünsten. Das Tomatenmark unterrühren und etwas mitdünsten. Das Fleisch dann wieder in den Topf geben und mit etwas Rotwein ablöschen. Etwas einkochen lassen, dann den Rinderfond und den restlichen Rotwein dazugießen. Das Fleisch muss vollends von Flüssigkeit bedeckt sein! Anstatt mit einem Deckel mit einem beschwerten Stück Backpapier abdecken, die Temperatur reduzieren und bei sanfter Hitze 4 Stunden schmoren lassen; dabei gelegentlich umrühren. Wichtig: Das Gulasch darf nicht kochen!
3. In der Zwischenzeit in einer kleinen Schüssel den Knoblauch, den Kümmel, den Majoran, den Zucker und die Zitronenschale miteinander vermischen. Die beiden Sorten Paprikapulver dazugeben, gründlich vermengen und alles mit etwas Wasser glattrühren. Gegen Ende der Garzeit in das Gulasch einrühren. 5 bis 10 Minuten ziehen lassen. Dann die Saure Sahne dazugeben, das Gulasch mit Salz und Pfeffer abschmecken, alles gut miteinander verrühren und »pur« oder mit Salzkartoffeln servieren.

Alraunen (Neuzüchtung)

ZUTATEN
FÜR 10 ALRAUNEN

Für die Muffins:
300 g Mehl
80 g Backkakao
1 TL Backpulver
1 TL Natron
1 Prise Salz
100 g weiche Butter
220 g Zucker
1 TL Vanilleextrakt
2 Eier
250 ml Buttermilch
150 g Zartbitterschokolade, grob gehackt

Für die Alraunen:
400 g Marzipanrohmasse
Etwas Backkakao, zum Bestäuben
20 Kräuterblätter (z. B. Basilikum, Minze)

Für das Schokofrosting:
150 g Frischkäse
15 g Puderzucker
1 gehäufter EL Backkakao

Außerdem erforderlich:
3 Papier-Muffinförmchen,
10 kleine Tontöpfe

1. Die Tontöpfchen ca. 1 Stunde in Wasser einweichen. Passend große Kreise aus Backpapier ausschneiden und unten in die Töpfe legen, damit kein Teig herauslaufen kann. Den Backofen auf 200 °C Ober-/Unterhitze vorheizen.

2. Das Mehl, den Kakao, das Backpulver, das Natron und das Salz in einer kleinen Schüssel vermischen. In einer separaten, größeren Schüssel die Butter, den Zucker und das Vanilleextrakt mit einem Handrührgerät aufschlagen. Nacheinander die Eier dazugeben und alles weiter schaumig schlagen. Die Buttermilch gründlich unterrühren.

3. Die trockenen Zutaten aus der kleineren Schüssel unter die Buttermischung heben. Genügend Teig für drei Muffins abnehmen und in einfache Muffinförmchen geben. Die gehackte Schokolade unter den restlichen Teig heben und in die vorbereiteten Tontöpfe füllen. Die Töpfe und die Muffinförmchen ca. 25 Minuten in den Ofen geben bzw. so lange, bis an einem Zahnstocher, den man in die Mitte der Muffins pikst, beim Rausziehen nichts mehr kleben bleibt. Dann aus dem Backofen nehmen und vollständig abkühlen lassen. Anschließend die drei Muffins aus den Förmchen lösen und in einer Schüssel grob zerbröseln.

4. Das Marzipan in zehn gleichgroße Stücke aufteilen und aus den einzelnen Stücken grobe Alraunenwurzeln formen. Die Unterseite dabei ein wenig abflachen. Den Alraunen mit Zahnstocher, Messer und Löffel etwas »Charakter« verleihen. Damit das Ganze möglichst »lebendig« wirkt, mit einem Pinsel mit Kakao abpudern. Zuletzt mit dem Zahnstocher ein Loch in jeden »Kopf« piksen, in das man später die essbaren Blätter stecken kann. In den Kühlschrank stellen.

5. Den Frischkäse, den Puderzucker und den Backkakao in einer kleinen Schüssel vermengen und glattrühren. Die Oberseite der Muffins in den Tontöpfen großzügig mit diesem Frosting bestreichen, die Alraunen darauf »festkleben« und ringsum mit zerbröselter »Kuchenerde« dekorieren. Zuletzt die Kräuterbutter in die zuvor gepiksten Löcher stecken.

Amortentia

MIT ALKOHOL

ZUTATEN
FÜR 1 LIEBESTRANK

Pinker Dekorzucker
5 cl Zitronensaft, frisch gepresst, zzgl. noch etwas mehr für die Garnitur
5 cl Gin
1 TL Grenadine
1 Eiweiß
1 TL Schlagsahne
Eiswürfel

1. Den pinken Dekorzucker auf einen Unterteller streuen. Etwas von dem Zitronensaft in einen anderen Unterteller geben. Den Rand des Glases erst umgedreht in den Zitronensaft und dann in den Dekorzucker tauchen. Ein wenig abtrocknen lassen.
2. Die 5 cl Zitronensaft, den Gin, die Grenadine, das Eiweiß und die Sahne in einen Shaker mit Eiswürfeln geben. 30 Sekunden kräftig schütteln, danach in das Glas abseihen. Hierzu am besten einen kleinen Trichter verwenden, um die Zuckergarnitur nicht zu ruinieren. Sofort servieren.

Das Monsterbuch der Monster

ZUTATEN
FÜR 1 MONSTERBUCH
8-12 PORTIONEN

Für den Kuchen:
250 g weiche Butter
150 g Zucker
1 Päckchen Vanillezucker
1 Prise Salz
3 Eier (Größe M)
150 g Mehl
2 TL Backpulver
1 gehäufter EL Backkakao
2 EL Milch
150 g Vollmilchschokolade, fein gehackt

Für die Füllung:
330 g weiche Butter
1 Päckchen Vanillezucker
600 g Puderzucker
120 ml Milch

Für die Buttercreme:
330 g weiche Butter
90 g Kakaopulver
600 g Puderzucker
120 ml Milch

Zum Dekorieren:
Rotes Fondant (für das Lesezeichen), orangefarbenes Fondant (für die Augen), weißes Fondant (für die Zähne), schwarzer Lebensmittelstift (für die Augen)

Außerdem erforderlich: Spritzbeutel, Grastülle, rechteckige Backform (ca. 40 x 30 x 10 cm)

1. Den Kuchen zubereiten: Den Ofen auf 180 °C Ober- und Unterhitze vorheizen. Die Backform mit Butter einfetten. In einer Rührschüssel die Butter, den Zucker, den Vanillezucker und das Salz mit einem Handmixer cremig schlagen. Nacheinander die Eier dazugeben und gut einarbeiten. Durch ein Sieb das Mehl, das Backpulver und den Backkakao hinzufügen und untermischen. Zuletzt die Milch und die fein gehackte Schokolade dazugeben und alles für eine Minute auf niedriger Stufe mixen. Den Teig dann in die vorbereitete Form geben, die Oberseite glattstreichen und für ca. 45 Minuten backen. Anschließend herausnehmen und in der Form vollständig abkühlen lassen. In der Zwischenzeit die Füllung und die Buttercreme zubereiten.

2. Die Füllung und die Buttercreme zubereiten: Für die Füllung in einer Rührschüssel die Butter und den Vanillezucker mit dem Handmixer cremig schlagen. Nach und nach den Puderzucker dazugeben und jedes Mal gründlich einarbeiten. Schließlich Schluck für Schluck die Milch hinzufügen und durchmixen, bis die gewünschte Konsistenz erreicht ist.

3. Mit den Zutaten für die Buttercreme genauso verfahren.

4. Den abgekühlten Kuchen mit einem großen Messer waagerecht in der Mitte durchschneiden, um zwei gleichgroße Hälften zu erhalten. Eine der Hälften auf die Arbeitsfläche legen und gleichmäßig ⅔ der Vanillebuttercreme darauf verteilen. Dann behutsam die andere Kuchenhälfte auflegen und das Ganze ringsum gleichmäßig mit der übrigen hellen Creme bestreichen. Mit einem Backspatel so verstreichen, dass das Ganze an Buchseiten erinnert.

5. Das rote Fondant mit einem Nudelholz ca. 2 cm dick ausrollen. Mit einem kleinen, scharfen Messer ein längliches Rechteck daraus herausschneiden und an entsprechender Stelle als »Lesezeichen« oben auf die Buttercreme kleben (siehe Bild).

6. Aus dem orangefarbenen Fondant vier kirschgroße Kügelchen formen und mit dem schwarzen Lebensmittelstift die Augen aufmalen. Aus dem übrigen roten Fondant die Lippen und aus dem weißen Fondant einige krumme Zähne formen.

7. Die Schokoladenbuttercreme in einen Spritzbeutel mit feiner Grastülle geben und damit die kleinen »Härchen« auf das »Buch« spritzen. An der Stelle, wo die Augen sitzen sollen, etwas mehr Creme auftragen, damit eine kleine, längliche »Erhöhung« entsteht. Hier in regelmäßigen Abständen die Augen platzieren und leicht andrücken. Zuletzt den Mund und die Zähne an der Schokoladencreme befestigen und das Ganze vor dem Servieren 1 Stunde ruhen lassen.

Felix Felicis

MIT ALKOHOL

ZUTATEN
FÜR CA. 1 L FLÜSSIGES GLÜCK

500 g Blütenhonig
750 ml Kornbrand
1 Zimtstange
1 Vanilleschote
1 Kardamomkapsel
Etwas Zimtblüte
1-2 Nelken

Außerdem erforderlich:
2-3 kleinere oder 1 große Zaubertrankflasche, essbarer Glitzer oder Blattgold, großes Einweckglas

1. Den Honig in das Einweckglas geben. Den Korn darübergießen und so lange verrühren, bis sich der Honig vollständig aufgelöst hat. Anschließend alle Gewürze hinzufügen, das Glas verschließen und 3-4 Wochen an einem kühlen, dunklen Ort ziehen lassen. Alle paar Tage kräftig schütteln.
2. Den fertigen Likör durch ein feines Sieb seihen und in die heiß ausgewaschenen Flaschen füllen. Etwas essbaren Glitzer oder kleine Stückchen essbares Blattgold hineingeben, um dem Ganzen einen möglichst magischen Look zu verleihen. Die Flaschen fest verschließen und gut durchschütteln.
3. Optional mit einem hübschen Etikett versehen.

DOBBYS HAUSELFEN-TIPP: Je länger der Honiglikör zieht, desto köstlicher schmeckt er!

Goldene Schnatze

ZUTATEN
FÜR CA. 12 SCHNATZE

Für die Macarons:
45 g gemahlene Mandeln
75 g Puderzucker
36 g Eiweiß (ca. 1 Eiweiß)
10 g Zucker
Gelbe Lebensmittelfarbpaste

Für die Ganache:
100 g Zartbitterschokolade, fein gehackt
1 TL geriebene Orangenschale
100 ml Sahne

24 schmale Kaubonbon-Streifen, als Flügel zurechtgeschnitten

Außerdem erforderlich:
essbares Goldpuder

1. Die Mandeln mit dem Puderzucker in einen hohen Becher geben, mit einem Löffel miteinander vermischen, dann im Mixer möglichst fein mahlen. Anschließend gründlich in eine Schüssel sieben, um alle größeren Stückchen zu entfernen.
2. Das Eiweiß genau abwiegen und mit dem Rührgerät steif schlagen. Sobald das Eiweiß schaumig wird, den Zucker hineinrieseln lassen und weiter schlagen, bis sich steife Spitzen bilden. Jetzt die gelbe Lebensmittelfarbe hinzufügen und nochmals ca. 1 Minute weiter schlagen.
3. Den Eischnee in eine große Schüssel geben, nach und nach die Mandel-Puderzucker-Mischung hinzufügen und jeweils vorsichtig mit einem Teigspatel unterheben. Die Masse so lange verarbeiten, bis sie zähflüssig vom Spatel läuft. In einen Spritzbeutel mit Lochtülle füllen.
4. Ein Backblech mit Backpapier auslegen. Mit dem Spritzbeutel mit etwas Abstand zueinander ca. 2 cm große Macaron-Kleckse auf das Blech geben. Mit der Unterseite des Blechs anschließend zweimal behutsam auf die Arbeitsfläche klopfen, damit etwaige Luftbläschen entweichen. 30 Minuten ruhen lassen.
5. Derweil den Backofen auf 150 °C Ober-/Unterhitze vorheizen. Das Blech hineingeben, die Hitze auf 145 °C reduzieren und ca. 12-14 Minuten backen. Dann aus dem Ofen nehmen, die Macarons mitsamt dem Backpapier vom Blech auf die kalte Arbeitsfläche ziehen und auskühlen lassen.
6. Währenddessen für die Ganache die Schokolade in eine Schüssel geben. Die Orangenschale mit der Sahne in einem kleinen Topf bei mittlerer Hitze unter stetem Rühren aufkochen, dann über die Schokolade gießen. 2 Minuten ruhen lassen, dann alles so lange durchrühren, bis keine Klümpchen mehr übrig sind. Die Ganache etwas auskühlen lassen und für mindestens 1 Stunde in den Kühlschrank stellen.
7. Die kalte Ganache gut durchrühren und in einen Spritzbeutel geben. Die Macaron-Hälften vom Backpapier lösen und die Hälfte davon mit der flachen Seite nach oben auf der Arbeitsfläche ausbreiten. Jeweils einen Klecks Ganache darauf spritzen, links und rechts zwei der Kaubonbon-Streifen so als Flügel anbringen, dass sie von der Ganache gehalten werden, dann je eine Macaron-Hälfte oben daraufsetzen und leicht andrücken. Über Nacht in den Kühlschrank geben, damit die Füllung gut durchziehen kann. Die Macarons zuletzt ringsum mit essbarem Goldpuder bepinseln. Kühl lagern und innerhalb von 5-7 Tagen verzehren!

Haferbrei mit frischen Früchten

ZUTATEN
FÜR 2 PORTIONEN

35 g grobe Haferflocken
200 ml Milch
3 EL Zucker
1 Banane, in mundgerechten Stücken
2 Handvoll frische Blaubeeren, Himbeeren (oder andere Beeren nach Wahl)
2 Prisen Zimt

1. In einem kleinen Topf bei mittlerer Hitze unter ständigem Rühren die Haferflocken, die Milch und den Zucker zum Kochen bringen. So lange köcheln lassen, bis der Brei so weit eingekocht ist, dass er die gewünschte Konsistenz besitzt. Dabei unbedingt darauf achten, dass nichts anbrennt!
2. Den Topf vom Herd nehmen, die Bananenstücke hineingeben und grob zerdrücken. 5 Minuten abkühlen lassen.
3. Gleichmäßig auf zwei Schalen verteilen, die frischen Beeren darauf geben, jeweils mit einer Prise Zimt bestreuen und sofort servieren.

DOBBYS HAUSELFEN-TIPP: Natürlich kann man den Haferbrei – vor allem im Sommer – auch gekühlt genießen!

Harrys Kiemenkraut-Salat

ZUTATEN
FÜR 4 PORTIONEN

1 kleiner Oktopus (ca. 600 g), alternativ frischer Pulpo-Salat vom Fischhändler
Frisch gemahlener schwarzer Pfeffer, Salz
Saft von 1 Zitrone
2 Knoblauchzehen, fein gehackt
Etwas Petersilie, fein gehackt
6 EL Olivenöl
2 EL Reisessig
1 Salatgurke
150 g Algensalat (Wakame)
100 g Miesmuscheln, eingelegt, abgetropft
Etwas schwarze Sesamsaat

Außerdem erforderlich:
Spiralschneider

1. In einem großen Topf Wasser zum Kochen bringen. Eine kräftige Prise Pfeffer hineingeben und den Oktopus darin bei schwacher Hitze ca. 30-40 Minuten ziehen lassen bzw. so lange, bis er sich mit einem Messer leicht einstechen lässt. Dann vom Herd nehmen, ordentlich salzen und im Sud abkühlen lassen.
2. Unterdessen in einer großen Schüssel den Zitronensaft, die Knoblauchzehen und die Petersilie vermischen. Mit einer kräftigen Prise Salz verrühren, dann das Olivenöl und den Essig unterschlagen.
3. Die Salatgurke mit dem Spiralschneider in dünne »Spaghetti« schneiden.
4. Den Oktopus aus dem Sud heben, in mundgerechte Stücke schneiden und in die Marinade geben. Gründlich mit der Salatgurke, dem Algensalat und den abgetropften Miesmuscheln vermischen. Fest abgedeckt mit Frischhaltefolie mindestens 2 Stunden im Kühlschrank durchziehen lassen, besser über Nacht.
5. Unmittelbar vor dem Servieren nochmals gründlich durchrühren und mit schwarzer Sesamsaat bestreuen. Dazu passt wunderbar frisches, knuspriges Weißbrot.

OWL MAIL POST
Harry Potter

Hedwig die Muffin-Eule

ZUTATEN
FÜR 12 MUFFIN-EULEN

Für den Teig:

30 g weiche Butter
120 g Erdnussbutter
1 Päckchen Vanillezucker
130 g Rohrzucker
2 Eier
1 Prise Salz
1 TL Backpulver
130 g Mehl
70 ml Milch

Für die Creme:

130 g Butter, bei Zimmertemperatur
130 g Puderzucker
130 g Frischkäse, bei Zimmertemperatur

Für die Dekoration:

24 Oreo-Kekse oder andere Schokoladenkekse mit Vanillefüllung
24 schwarze Schokolinsen
12 orangefarbene Schokolinsen

Außerdem erforderlich:

12er-Muffin-Backform, 12 Muffin-Papierförmchen

1. Den Backofen auf 180 °C Ober-/Unterhitze vorheizen. Ein 12er-Muffin-Blech mit Papierförmchen bestücken.
2. Die Butter, die Erdnussbutter, den Vanillezucker und den Rohrzucker in einer Schüssel schaumig schlagen. Eins nach dem anderen die Eier unterrühren, das Salz dazugeben und alles gründlich miteinander vermischen.
3. In einer separaten Schüssel das Backpulver mit dem Mehl vermischen und sieben. Dann abwechselnd die Mehl-Backpulver-Mischung und die Milch zu der Butter-Zucker-Mixtur geben und beständig weiter rühren, bis ein cremiger Teig entsteht. Den Teig gleichmäßig auf die Muffin-Papierförmchen verteilen und auf mittlerer Schiene 20 Minuten im Ofen backen. Dann auf einem Kuchengitter in der Form auskühlen lassen.
4. In der Zwischenzeit die Butter und den Puderzucker in einer separaten Schüssel hell und luftig aufschlagen. Den Frischkäse unterrühren und zum Abkühlen für 30 Minuten in den Kühlschrank stellen.
5. Die Muffins in den Papierförmchen behutsam aus dem Backblech lösen. Die abgekühlte Creme in einen Spritzbeutel oder einen Gefrierbeutel mit abgeschnittener Ecke geben und gleichmäßig auf die Muffins spritzen.
6. Die Kekshälften vorsichtig voneinander trennen, am besten mit einer Drehbewegung, sodass die Vanillefüllung auf einer Hälfte »kleben« bleibt. Die andere Hälfte mit einem scharfen Messer mittig durchschneiden. Die »ganzen« Kekshälften mit der Füllung nach oben als »Augen« behutsam in die warme Creme drücken. Dann je eine schwarze Schokolinse als »Pupille« anbringen. Die halben Kekse als »Augenbrauen« in die Creme drücken. Als Schnabel jeweils eine orangefarbene Schokolinse schräg in der Creme platzieren. Einige Minuten fest werden lassen.

Kürbissuppe

MIT ALKOHOL

ZUTATEN FÜR 4–6 PERSONEN

1 mittelgroßer Hokkaido-Kürbis (ca. 1 ½ kg)
2 EL Butter
2 Schalotten, fein gehackt
1 Knoblauchzehe, fein gehackt
Paprikapulver edelsüß
2 EL Mehl
200 g Kartoffeln, gewürfelt
1 Karotte, fein geraspelt
800 ml Gemüsebrühe
100 ml Weißwein
100 ml Kokosmilch
2 cm frischer Ingwer, fein gerieben
3 EL Currypulver
50 g Schlagsahne
Salz, Pfeffer
Etwas frisch gehackter Koriander (optional)

1. Den Backofen auf 80 °C Ober-/Unterhitze vorheizen. Ein Backblech mit Backpapier auslegen.
2. Den Kürbis waschen und vierteln. Mit einem Esslöffel sorgfältig die Kerne und Fäden herauskratzen und entsorgen. Den Kürbis mitsamt der Schale in grobe Stücke schneiden, auf das Backblech geben und 20 Minuten im Ofen garen. Dann herausnehmen, überschüssige Flüssigkeit abgießen und beiseitestellen.
3. Derweil in einem großen Topf bei mittlerer Hitze die Butter erwärmen. Die Schalotten und den Knoblauch glasig anschwitzen. Die Kürbiswürfel dazugeben und kurz mitdünsten. Die Kartoffeln und die Karottenraspeln dazugeben, das Paprikapulver und das Mehl darüberstreuen und alles miteinander vermischen. Dann mit der Gemüsebrühe, dem Weißwein und der Kokosmilch aufgießen. Kurz aufkochen und bei schwacher Hitze unter gelegentlichem Rühren ca. 25 Minuten zugedeckt köcheln lassen.
4. Den geriebenen Ingwer und das Currypulver hineingeben. Die Suppe mit einem Pürierstab vorsichtig im Topf pürieren, die Sahne dazugeben und kräftig mit Salz und Pfeffer abschmecken. Nach Belieben mit etwas frisch gehacktem Koriander bestreut servieren.

DOBBYS HAUSELFEN-TIPP: Den Weißwein bei diesem Rezept kann man auch problemlos weglassen. Allerding solltet ihr dann einen Spritzer Essig in die Suppe geben, um dem Gericht eine gewisse Säure zu verleihen.

Ronald

Rührei mit Speck

ZUTATEN
FÜR 2-3 PORTIONEN

4 Eier
8 EL Sahne
Salz, frisch gemahlener schwarzer Pfeffer
4 TL Butter
6-8 Streifen Frühstücksspeck
Etwas Schnittlauch, frisch gehackt

1. Die Eier in eine Schüssel mit hohem Rand aufbrechen, die Sahne dazugeben, kräftig mit Salz und Pfeffer würzen und mit dem Schneebesen so lange verquirlen, bis das Ganze zwar noch relativ dickflüssig, aber schön cremig und konsistent ist.
2. In einer beschichteten Pfanne bei kleiner Hitze die Hälfte der Butter schmelzen. Die verquirlten Eier dazugeben und langsam stocken lassen; dabei hin und wieder mit einem Pfannenwender vorsichtig am Pfannenboden entlangrühren, damit das Ei nicht anbrennt.
3. In einer separaten Pfanne derweil bei großer Hitze die restliche Butter schmelzen. Die Speckstreifen mit etwas Abstand zueinander hineingeben und von beiden Seiten jeweils 1-2 Minuten anbraten, je nachdem, wie kross der Speck sein soll.
4. Hat das Rührei die gewünschte Festigkeit erreicht, vom Herd nehmen, auf Teller verteilen und mit frisch gehacktem Schnittlauch bestreuen. Die Speckstreifen daneben arrangieren und sofort servieren!

Skele-Wachs

MIT ALKOHOL

ZUTATEN FÜR 1 TRANK

50 ml Eierlikör

20 ml Kirschsirup oder Johannisbeerlikör

1 EL Heidelbeermarmelade

Außerdem erforderlich: Zahnstocher

1. Den Eierlikör in eine Sektschale geben. Behutsam die Hälfte des Kirschsirups bzw. des Johannisbeerlikörs in die Mitte des Eierlikörs gießen.
2. Den restlichen Sirup bzw. Likör in einer kleinen Schüssel mit der Heidelbeermarmelade verrühren und behutsam in die Mitte des Eierlikörs gießen. Dann einen Zahnstocher so durch das Glas ziehen, dass sich rote Schlieren wie »Adern« durch den Trank ziehen. Sofort servieren!

Hagrids Kochversuche

Arachnideneier

**ZUTATEN
FÜR 8 PORTIONEN**

8 große Eier
500 ml Blaubeersaft
2 Avocados
3 TL Wasabipaste
2 TL Zitronensaft, frisch gepresst
2 EL Frischkäse
Salz, Pfeffer
Schwarze Sesamkörner

1. Die Avocados längs halbieren und mit einem Löffel das Fruchtfleisch entfernen. Das Fruchtfleisch zusammen mit dem Zitronensaft, dem Frischkäse und dem Wasabi in eine mittelgroße Schüssel geben und beiseitestellen. 10 Minuten durchziehen lassen.
2. In der Zwischenzeit in einem mittelgroßen Topf Wasser zum Kochen bringen. Die Eier hineingeben und 8-10 Minuten hartkochen. Das Wasser abgießen und die Eier in einem Eisbad abschrecken.
3. Die hartgekochten Eier nicht pellen, sondern bloß leicht mit einem Esslöffel anschlagen, sodass die Schale ringsum feine Risse bekommt. Den Blaubeersaft in eine Schüssel geben und die Eier vorsichtig so hineinlegen, dass sie komplett mit Saft bedeckt sind. Nun mindestens 3 Stunden, am besten jedoch über Nacht in den Kühlschrank stellen, damit der Saft richtig in die Eier einziehen kann.
4. Die Eier - die jetzt über und über von dunklen »Äderchen« durchzogen sind – aus dem Saft nehmen und behutsam pellen. Halbieren und mit einem Löffel vorsichtig das Eigelb entfernen. Das Eigelb in die Schüssel mit den Avocados, dem Wasabi und den übrigen Zutaten geben und mit einem Stabmixer fein pürieren. Mit Salz und Pfeffer abschmecken.
5. Die Creme in einen Spritzbeutel geben und in die Eierhälften füllen. Sparsam etwas schwarzen Sesam über die Füllung streuen. Sofort servieren.

Felsenkekse

ZUTATEN
FÜR CA. 12 FELSENKEKSE

225 g Mehl
1 Päckchen Backpulver
110 g sehr kalte Butter
110 g Zucker
1 gestrichener TL Zimt
1 Prise Muskatnuss
1 Prise Salz
1 Ei
1-2 EL Milch
100 g Schokodrops

1. Den Backofen auf 180 °C vorheizen. Ein Backblech mit Backpapier auslegen.
2. Das Mehl fein sieben und in einer Schüssel mit dem Backpulver vermischen. Die Butter in kleine Stücke schneiden und in das Mehl einkneten, bis die Masse geschmeidig aussieht. Den Zucker und die Gewürze dazugeben und grob einarbeiten.
3. Das Ei verquirlen und bei Bedarf mit etwas Milch der Teigmischung hinzufügen. Alles mit einem Teigschaber verrühren, bis der Teig von der Konsistenz her an grobes Paniermehl erinnert. Nun behutsam die Schokodrops einarbeiten.
4. Mit einem Esslöffel tischtennisballgroße »Teigkleckse« auf das Backblech geben; dabei zwischen den Kekse jeweils ca. 5 cm Abstand lassen. Im vorgeheizten Ofen 17-20 Minuten backen bzw. so lange, bis die Felsenkekse goldbraun sind. Dann aus dem Ofen nehmen und auf einem Kuchengitter abkühlen lassen.

Hagrids Gryffindor-Hauskuchen

ZUTATEN
1 HAUSKUCHEN

Für den Teig:

250 g zimmerwarme Butter zzgl. noch etwas mehr zum Einfetten der Backform

300 g Mehl

1 Päckchen Backpulver

1 Prise Salz

Vanilleextrakt

250 g Zucker

4 Eier

75 ml Milch

Rote und gelbe Lebensmittelfarbe

Für den Zuckerguss:

250 g Puderzucker

5 EL Zitronensaft

Bunte Zuckerstreusel, zum Bestreuen

1. Den Backofen auf 180 °C Ober-/Unterhitze vorheizen. Ein kleines Backblech großzügig mit Butter einfetten und mit Mehl bestreuen.
2. In einer kleinen Schüssel das Mehl und das Backpulver mit dem Salz vermischen.
3. Die Butter, das Vanilleextrakt und den Zucker mit einem Handmixer in einer Rührschüssel aufschlagen. Die Eier einzeln unterrühren, eins nach dem anderen, dann abwechselnd die Milch und die Mehlmischung dazu geben und jeweils gründlich einarbeiten. Den Teig anschließend auf zwei Schüsseln aufteilen und jede Teighälfte mit einer der beiden Lebensmittelfarben einfärben.
4. Die eingefärbten Teige jeweils in eine Spritztüte mit großer Tülle füllen und damit auf dem Backblech abwechselnd breite Längsstreifen ziehen, bis das gesamte Blech damit bedeckt ist. (Solltet ihr keine Spritztüten zur Hand haben, einfach von einem Gefrierbeutel eine Ecke abschneiden.)
5. Das Blech für ca. 25–30 Minuten in den vorgeheizten Backofen schieben. Gegen Ende der Backzeit einen Zahnstocher in die Mitte des Kuchens piksen; bleibt der Zahnstocher beim Rausziehen sauber, aus dem Ofen nehmen. Ansonsten noch ein bisschen länger backen. Dann aus dem Ofen nehmen und vollständig auskühlen lassen.
6. Derweil für den Zuckerguss in einer kleinen Schüssel den Puderzucker und den Zitronensaft sorgsam verrühren und gleichmäßig auf den abgekühlten Kuchen geben. Mit einem Küchenspatel glätten, mit bunten Zuckerstreuseln bestreuen und den Guss vor dem Servieren fest werden lassen.

HAPPEE
BIRTHDAE
HARRY

Harrys Geburtstagstorte

ZUTATEN FÜR 1 TORTE

Für die Schokoladentorte:

200 g Zartbitterschokolade, grob gehackt

320 g Butter

8 Eier

250 g Zucker

1 TL Vanilleextrakt

1 Prise Salz

30 g Backkakao

2 gestrichene TL Backpulver

190 g Mehl

Für die Buttercreme:

1 Päckchen Vanillepuddingpulver

400 ml Milch

30 g Zucker

190 g Butter, bei Zimmertemperatur

50 g Puderzucker

Grüne Lebensmittelfarbe

Rote Lebensmittelfarbe

Außerdem erforderlich:

Springform (ca. 25 cm Ø)

1. Den Backofen auf 160 °C Ober-/Unterhitze vorheizen. Den Boden der Springform mit Backpapier auslegen.
2. Die Butter bei niedriger Temperatur in einem Topf zerlassen. Die Schokolade hinzufügen und ebenfalls schmelzen. Die Schokomasse anschließend einige Minuten abkühlen lassen.
3. Die Eier, den Zucker, das Vanilleextrakt und das Salz in einer Schüssel verrühren. Die abgekühlte Schokomasse hinzugeben; dabei kräftig weiterrühren.
4. In einer separaten Schüssel den Backkakao und das Backpulver mit dem Mehl vermischen, zu den feuchten Zutaten geben und alles zu einem glatten Teig verarbeiten. In die Springform füllen und im vorgeheizten Ofen ca. 30-35 Minuten backen bzw. so lange, bis ein Zahnstocher, den man in die Mitte des Kuchens pikst, sauber wieder herauskommt. Den Kuchen dann auf einen Teller stürzen und vollständig abkühlen lassen. Das Backpapier abziehen und den Kuchen waagerecht einmal mittig durchschneiden.
5. Den Pudding nach Packungsanleitung zubereiten, dabei allerdings bloß mit 400 ml Milch und 2 EL Zucker aufkochen (also mit weniger als angegeben). Den Pudding dann mit Frischhaltefolie abdecken und bis auf Zimmertemperatur abkühlen lassen. Wichtig: Zum Verarbeiten müssen die Butter und der Pudding dieselbe Temperatur haben!
6. Die zimmerwarme Butter und den gesiebten Puderzucker in eine Schüssel geben und mit einem Rührgerät schaumig schlagen. Dann löffelweise den Pudding hinzufügen und auf höchster Stufe weiter verarbeiten. Ein Viertel der Creme für die Füllung beiseitestellen. Von der restlichen Creme einen kleinen Teil für die Schrift abnehmen und mit grüner Lebensmittelfarbe einfärben. Den Rest mit roter Lebensmittelfarbe rosa färben.
7. Den unteren Teigboden auf eine Tortenplatte legen und gleichmäßig mit der nicht eingefärbten Buttercreme bestreichen. Den zweiten Boden oben drauflegen, leicht andrücken und die ganze Torte mit der rosafarbenen Creme bestreichen.
8. Die grüne Buttercreme in einen Spritzbeutel mit feiner Tülle oder einen Gefrierbeutel mit abgeschnittener Ecke geben und den Geburtstagsgruß HAPPEE BIRTHDAE, HARRY! (oder einen eigenen) aufspritzen. Wer es besonders authentisch will, kann außerdem noch den charakteristischen Riss in die Torte ritzen.

Siruptorte

ZUTATEN
FÜR 1 TORTE

Für den Tortenboden:

250 g Mehl zzgl. etwas mehr, zum Bestäuben der Arbeitsfläche

2 EL Puderzucker

Abrieb von 1 Zitrone

1 Prise Salz

175 g kalte Butter, in Würfeln

1 Eigelb

1-2 EL sehr kaltes Wasser

Für die Füllung:

600 ml Zuckersirup

1 Prise gemahlener Ingwer

150 g frisches Paniermehl

Abrieb und Saft von 1 Zitrone

1 Ei, geschlagen

Außerdem erforderlich:
Tortenform (ca. 25 cm Ø), getrocknete Bohnen oder andere Blindback-Gewichte

1. Das Mehl, den Puderzucker, den Zitronenabrieb und das Salz in einer Schüssel vermengen. Die kalten Butterwürfel einarbeiten, bis das Ganze von der Konsistenz her an Paniermehl erinnert. Das Eigelb und 1-2 EL sehr kaltes Wasser hinzufügen. Mit den Händen zu einem Teig verkneten, auf einer leicht mit Mehl bestreuten Arbeitsfläche ausbringen, zu einer Kugel formen, fest in Frischhaltefolie wickeln und für 30 Minuten in den Kühlschrank legen.

2. ⅓ des Teigs abnehmen, mit Frischhaltefolie einwickeln und in den Kühlschrank legen. Den restlichen Teig auf einer leicht mit Mehl bestreuten Oberfläche zu einem Rund von 30 cm Durchmesser und einer Dicke von ca. 5 mm ausrollen. Den Teig dann quer über die Backform breiten und am Boden und an den Rändern andrücken; dabei darauf achten, dass der Teig bis in alle Ecken reicht. Den Teigboden ein paarmal mit einer Gabel einstechen und für 30 Minuten in den Kühlschrank geben.

3. In der Zwischenzeit den Backofen auf 190 °C vorheizen und ein Backblech zum Vorwärmen hineinschieben.

4. Den gekühlten Tortenboden mit Backpapier auslegen und mit Backbohnen oder anderen Blindback-Gewichten füllen. Für 15 Minuten in den vorgeheizten Ofen geben, dann das Backpapier und die Gewichte entfernen und nochmals ca. 5 Minuten backen bzw. so lange, bis der Tortenboden goldbraun ist.

5. Den übrigen Teig möglichst dünn (ca. 2-3 mm) zu einem Kreis von ca. 25 cm Durchmesser ausrollen. In 5 mm schmale Streifen schneiden und beiseitestellen. Den Zuckersirup und den gemahlenen Ingwer bei niedriger Hitze in einem Topf erwärmen, bis die Masse heiß ist, aber nicht kocht. Das Paniermehl, die Zitronenzeste, den Zitronensaft und ein geschlagenes Ei einrühren und alles gut vermischen. Auf den Tortenboden geben und gleichmäßig verstreichen.

6. Mit den Teigstreifen ein Gittermuster oben auf die Torte legen. Hierzu auf einem Stück Backpapier in einer Ecke anfangen und die Teigstreifen dann wie beim Flechten über- und untereinanderlegen. Das Gitter dann vorsichtig auf die Torte heben und das Papier behutsam wegziehen.

7. Die Torte ca. 30-35 Minuten backen, bis die Füllung sich gesetzt hat und der Teig goldbraun ist. Aus dem Ofen nehmen und ca. 15 Minuten auf einem Kuchengitter abkühlen lassen. Dann behutsam aus der Backform lösen und warm servieren.

Zu Gast bei der Todestagsfeier des Fast kopflosen Nick

Grabsteinkuchen mit Teerglasur

ZUTATEN
FÜR 1 GRABSTEINKUCHEN

100 g Zartbitterschokolade, grob gehackt
200 g weiche Butter zzgl. noch etwas mehr, zum Einfetten des Backrahmens
170 g Zucker
4 Eier
200 g Schmand
250 g Mehl
2 TL Backpulver
1 Prise Salz
2 EL Backkakao
350 g Sauerkirschenkirsche (aus dem Glas), abgetropft
Etwas Puderzucker, zum Bestreuen (optional)
400 ml Schlagsahne, kalt
2 Päckchen Sahnesteif
2 TL Vanillezucker
Ewas schwarze Lebensmittelfarbe
Dunkle Schokoladensoße, nach Belieben

Außerdem erforderlich:
ein rechteckiger Backrahmen (ca. 28 x 19 cm)

1. Den Backofen auf 180 °C Ober-/Unterhitze vorheizen. Ein Backblech mit Backpapier auslegen und einen Backrahmen daraufsetzen. Den Backrahmen großzügig mit Butter einfetten.
2. Die Zartbitterschokolade in einer Schüssel über einem Wasserbad schmelzen.
3. In einer separaten Schüssel die Butter mit dem Zucker verrühren. Nach und nach die Eier dazugeben und unterrühren. Den Schmand hinzufügen und einarbeiten.
4. In einer dritten Schüssel das Mehl mit dem Backpulver, dem Salz und dem Kakao vermengen und zu der Butter-Schmand-Mischung geben. Alles gut verrühren. Dann die geschmolzene Schokolade und die sorgsam abgetropften Kirschen unterheben.
5. Den Teig in den Backrahmen geben und die Oberseite glattstreichen. Im vorgeheizten Ofen ca. 50-55 Minuten backen bzw. so lange, bis an einem Zahnstocher, den man in die Mitte pikst, beim Herausziehen nichts mehr kleben bleibt. Dann aus dem Ofen nehmen und abkühlen lassen. Den Backrahmen entfernen. Optional mit etwas Puderzucker bestreuen. Anschließend bis zum Verzieren im Kühlschrank kaltstellen.
6. In einer Rührschüssel die kalte Schlagsahne mit dem Sahnesteif und dem Vanillezucker steif schlagen. Einige Tropfen schwarze Lebensmittelfarbe einrühren, bis die Sahne ein hübsches Grabsteingrau annimmt. Die gefärbte Schlagsahne auf den Kuchen geben und mit einem Spatel gleichmäßig die Oberseite und die Seiten damit bestreichen. Dunkle Schokoladensoße als »Teer« über den »Grabstein« laufen lassen. Da freut sich der Hausgeist!

Grabwurmsalat

ZUTATEN
FÜR 4 PORTIONEN

2 TL feiner mittelscharfer Senf
4 EL Essig
6 EL Olivenöl
50 g getrocknete Tomaten, fein gehackt
½ Bund Petersilie, fein gehackt
4 EL große Kapern (aus dem Glas), zzgl. etwas Kapernsud
Salz, Pfeffer
250 g schwarze Spaghetti (Spaghetti al Nero di Seppia)
100 g Rucola-Salat, fein gezupft
Röstzwiebeln, nach Belieben
12 große Surimi-Garnelen, abgetropft

1. In einer großen Schüssel den Senf mit dem Essig und dem Öl verrühren. Die fein gehackten Tomaten, die Petersilie und die Kapern dazugeben. Einen Schuss Kapernsud hinzufügen, mit Pfeffer und Salz würzen und alles behutsam miteinander vermengen.
2. Gemäß Packungsanleitung in einem großen Topf mit kräftig gesalzenem Wasser die schwarzen Spaghetti al dente (also bissfest) kochen. Durch ein Sieb abgießen, das Kochwasser auffangen und die Nudeln gut abtropfen lassen. Dann zurück in den Topf geben und mit 2 EL Kochwasser vermischen.
3. Die Spaghetti in die Schüssel mit der Vinaigrette geben. Den gezupften Rucola und die Röstzwiebeln unterheben und alles behutsam miteinander vermengen. Auf tiefen Tellern anrichten, jeweils drei Surimi-Garnelen darauflegen und sofort servieren.

DOBBYS HAUSELFEN-TIPP: Falls ihr keine Sepia-Spaghetti zur Hand habt, könnt ihr ganz normale Pasta nach dem Kochen und Abtropfen auch einfach mit schwarzer Lebensmittelfarbe einfärben. Und übertreibt's nicht mit dem Salz! Die Kapern, der Rucola und der Meerrettich sorgen bereits für genügend Würze!

Verdorbener Fisch

ZUTATEN
FÜR 4 PORTIONEN

2 Bio-Zitronen
1½-2 kg Skorpionfisch, ausgenommen, im Ganzen mit Kopf, alternativ Rotbarsch
75 ml Olivenöl
2 Schalotten, fein gewürfelt
4 Knoblauchzehen, fein gehackt
2 rote Paprika, in schmalen Streifen
200 ml Rotwein (trocken)
250 g Pizzatomaten
2 Lorbeerblätter
1 TL Rosenpaprika
½ TL Cayennepfeffer
Salz
1 kleine Prise Zucker
300 ml Fischfond
Etwas frische Petersilie, fein gehackt

1. Die Zitronen gründlich waschen. Die Zeste einer Zitrone abreiben, beide Zitronen auspressen. Die gesäuberten Fische innen und außen großzügig mit dem Zitronensaft einpinseln. Beiseitestellen.
2. In einem großen Schmortopf bei hoher Hitze das Öl erwärmen. Die Schalotten hineingeben und glasig dünsten. Den Knoblauch und die Paprikawürfel kurz mit anschwitzen. Mit dem Rotwein ablöschen. Die Pizzatomaten, die Lorbeerblätter und den Rosenpaprika dazugeben, mit Cayennepfeffer, Salz und einer kleinen Prise Zucker würzen. Mit dem Fischfond aufgießen und bei mittlerer Hitze 5 Minuten köcheln lassen.
3. Die Fische innen und außen salzen, im Ganzen so in die Soße legen, dass sie vollständig von Flüssigkeit bedeckt sind, und 25-30 Minuten köcheln lassen.
4. Abschmecken, etwas Petersilie unterheben, mit weiterer frisch gehackter Petersilie bestreuen und mit Brot oder Reis servieren.

Magisches aus der Zauberwelt

FEVER
FUDGE
FEVER
FUDGE

Fieberfondant

ZUTATEN
FÜR 5-6 PORTIONEN

Pflanzenöl
400 g gesüßte Kondensmilch
400 g weiße Schokolade, fein gehackt
1 TL Vanilleextrakt
Blaue Lebensmittelfarbe, nach Belieben
Rote Schokolinsen

Außerdem erforderlich: eine Back- oder Auflaufform (ca. 18 x 18 cm)

1. Eine Back- oder Auflaufform (ca. 18 x 18 cm) mit Backpapier auslegen und mit etwas Öl bestreichen.
2. Die gesüßte Kondensmilch unter stetem Rühren bei mittlerer Hitze in einem Topf erwärmen. Die gehackte Schokolade dazugeben und unter regelmäßigem Rühren schmelzen lassen. Zu einer geschmeidigen, homogenen Masse verrühren. Das Vanilleextrakt und (je nach gewünschter Farbintensität) die blaue Lebensmittelfarbe einrühren.
3. Die Fudgemasse in die vorbereitete Form füllen und mit einem Küchenspatel glattstreichen. In unregelmäßigen Abständen die roten Schokolinsen darauf verteilen und für ca. 2 Stunden im Kühlschrank fest werden lassen.
4. Den Fieberfudge aus dem Kühlschrank nehmen, auf ein Schneidebrett geben und mit einem großen, scharfen Messer in die gewünschte Form schneiden. In einem luftdicht verschließbaren Behältnis aufbewahren.

Florean Fortesque's
ICE CREAM
FINEST QUALITY

Florean Fortescues Chili-Eis

ZUTATEN
FÜR 4 PORTIONEN

160 g Kaffeesahne
40 g Milch
1 Vanilleschote, ausgekratzt
200 g süße Sahne
60 g Feinkristallzucker
20 g Puderzucker
1 Päckchen Vanillezucker
2-3 Tropfen rosa Lebensmittelfarbe
Etwas Chilipulver (oder roter Dekorzucker)

1. Die Kaffeesahne, die Milch und das Vanillemark in einen kleinen Topf geben und unter stetem Rühren bei mittlerer Hitze behutsam aufkochen. Dann vom Herd nehmen und abkühlen lassen.

2. In der Zwischenzeit die süße Sahne, den Feinkristallzucker, den Puderzucker und den Vanillezucker in eine kleine Schüssel geben und mit einem Handrührgerät steif schlagen. Dabei die Geschwindigkeit nach und nach steigern, also langsam beginnen und dann alle 30 Sekunden eine Stufe höher schalten, bis die Sahne kompakter wird und sich allmählich steife Spitzen bilden.

3. Sobald die Vanillemilch etwas abgekühlt ist, die Sahne-Zucker-Mixtur und die Lebensmittelfarbe hineingeben und alles gut miteinander vermengen. In einen Behälter geben und für einige Stunden, am besten aber über Nacht ins Eisfach stellen. Während dieser Zeit regelmäßig durchrühren, damit das Eis möglichst cremig bleibt.

4. Kurz vor dem Servieren aus dem Gefrierfach nehmen, in kleine Becher oder Schüsseln geben und mit etwas Chilipulver bestreut servieren.

DOBBYS HAUSELFEN-TIPP: Mutige Muggel nehmen Chilipulver als Garnitur. Alle anderen – und Ron – können alternativ auch problemlos roten Dekorzucker verwenden.

Three
roomstick

Kreachers Zwiebelsuppe

ZUTATEN
FÜR 4 PORTIONEN

Abrieb von 1 Zitrone

½ Bund Petersilie, fein gehackt

3 EL Butterschmalz

1 kg Zwiebeln, in dünnen Ringen

4 Knoblauchzehen, fein gehackt

5 Zweige Thymian

1 Lorbeerblatt

1 EL Rohrzucker

1 l Gemüsebrühe

300 ml Weißwein

Salz, frisch gemahlener schwarzer Pfeffer

1. Den Zitronenabrieb in einer kleinen Schüssel mit der Petersilie vermengen und beiseitestellen.
2. In einem großen Topf bei starker Hitze das Butterschmalz schmelzen. Die Zwiebeln hineingeben und unter stetem Rühren ca. 5-10 Minuten dünsten, bis die Zwiebeln schön glasig und duftig sind. Dann die Hitze auf mittel reduzieren und den Knoblauch hineingeben; kurz anschwitzen. Nun den Thymian, das Lorbeerblatt und den Rohrzucker einrühren, mit der Gemüsebrühe und dem Weißwein aufgießen und sanft ca. 30 Minuten köcheln lassen.
3. Die Suppe mit Salz und Pfeffer würzen, auf tiefe Teller oder Schüsseln verteilen und mit der Zitronen-Petersilie-Mischung bestreuen. Mit geröstetem Baguette servieren.

Magisches Blasenbrot

ZUTATEN
FÜR 1 BLASENBROT

500 g Mehl
1 Päckchen Trockenhefe
1 TL Salz
1 Prise Zucker
2 El Olivenöl
300 ml lauwarmes Wasser
100 g geriebener Parmesankäse
120 g weiche Kräuterbutter
Pizzagewürz

Außerdem erforderlich:
ein rundes 28er-Backblech oder eine 28er-Springform

1. In einer Rührschüssel das Mehl und die Trockenhefe vermischen. Das Salz, den Zucker und das Öl hineingeben, das Wasser hinzufügen und alles mit den Händen mindestens 10 Minuten gründlich verkneten. Anschließend locker mit einem Geschirrtuch abgedeckt mindestens 50 Minuten an einem warmen Ort gehen lassen.
2. Ist der Teig aufgegangen, die Hälfte des geriebenen Käses dazugeben und nochmal gut durchkneten. Jeweils ca. 15 g Teig abstecken, zu Bällchen formen und auf dem Backblech oder in der Springform nahtlos zu einem runden Laib aneinanderlegen. Erneut abgedeckt 15 Minuten gehen lassen.
3. Derweil ein rundes Backblech (ca. 28 cm Ø) großzügig mit ca. 50 g der Kräuterbutter bepinseln. Die übrige Kräuterbutter in einer kleinen Schüssel in der Mikrowelle schmelzen, nach Belieben das Pizzagewürz hineingeben und verrühren.
4. Den Backofen auf 180 °C Heißluft vorheizen.
5. Das Blasenbrot mit einem Backpinsel großzügig mit der Würzbutter bestreichen. In den Ofen geben und 15 Minuten backen. Dann den restlichen Parmesankäse darüberstreuen und nochmals ca. 5–10 Minuten goldbraun backen. Vor dem Servieren einige Minuten abkühlen lassen.

Kochkunst

Mürbeteig-Heuler

ZUTATEN
FÜR 5 HEULER

Für den Teig:

200 g kalte Butter, in kleinen Stücken
100 g Zucker
1 Spritzer Zitrone
1 Prise Salz
1 Ei
300 g Mehl
½ Päckchen Vanillezucker
50 g Sauerkirschkonfitüre

Für die Dekoration:

20 g Kuvertüre
Etwas Backkakao
5 schwarze Smarties
20 g roter Fondant

Außerdem erforderlich:

C6-Briefumschlag als Schablone

1. Die Butter, den Zucker, die Zitrone, das Salz, das Ei und den Vanillezucker in eine Schüssel geben und mit dem Knethaken eines Handrührgeräts durcharbeiten. Das Mehl durch ein Sieb dazugeben und zunächst mit den Knethaken, dann mit den Händen zügig zu einem glatten Teig verarbeiten. Den Teig in vier gleichgroße Stücke teilen, zu flachen »Ziegeln« formen, einzeln fest in Frischhaltefolie einwickeln und für mindestens 3 Stunden in den Kühlschrank geben.
2. In der Zwischenzeit einen C6-Briefumschlag vollständig auseinanderfalten; hierzu alle Ecken und Klebestellen lösen, bis der Umschlag wie ein einzelnes Blatt daliegt. Den Umschlag dann auf ein Stück Pappe legen, mit einem Filzstift die Umrisse nachziehen und ausschneiden, um eine solide Schablone für die Keksumschläge zu erhalten.
3. Den Backofen auf 170 °C Ober-/Unterhitze vorheizen. Ein Backblech mit Backpapier auslegen.
4. Den Teig 10 Minuten vor der weiteren Verarbeitung aus dem Kühlschrank nehmen. Die Arbeitsfläche mit etwas Mehl bestreuen und den Teig so dünn wie möglich zu einem Quadrat ausrollen. Die Schablone mittig auf den Teig legen und mit einem scharfen Messer die Konturen nachschneiden.
5. Mit dem Rücken eines großen Messers oder einer Teigkarte die Umschlagränder ein wenig eindrücken, sodass mittig ein Rechteck in Postkartengröße erkennbar ist. Diese eingedrückten Ränder bilden die »Knickstellen« und zeigen, wo genau der Teig umgeschlagen werden muss, damit am Ende alles ordentlich zusammenpasst. Mittig auf dem Rechteck gleichmäßig 1 TL Sauerkirschkonfitüre verstreichen. Dann den Umschlag »falten«. Hierzu zunächst die seitlichen Ecken umklappen, dann die untere und zum Schluss die obere, die alle anderen etwas überlappt.
6. Den Teigumschlag vorsichtig auf eine leicht mit Mehl bestäubte Arbeitsfläche legen und mit einer Winkelpalette glattstreichen. Genauso die übrigen Umschläge falten. Die Teigreste erneut verkneten und wie gehabt zu einem weiteren Umschlag formen. Die Umschläge mit genügend Abstand zueinander auf das Backblech legen und ca. 15-20 Minuten im vorgeheizten Ofen backen. Dann herausnehmen und vollständig abkühlen lassen.
7. Sind die Umschläge vollständig abgekühlt, über einem warmen Wasserbad etwas Kuvertüre schmelzen. Die Smarties mit einem scharfen Messer halbieren und je eine Hälfte als »Auge« mit etwas flüssiger Kuvertüre auf dem Umschlag befestigen. Aus rotem Fondant den Mund formen und ebenfalls mit Schokolade fixieren. Zu guter Letzt mit einem kleinen Pinsel und etwas Backkakao die Kanten abpudern, um die Konturen des Heulers noch mehr zu betonen.

Tragbarer Sumpf

MIT ALKOHOL

ZUTATEN
FÜR 1 DRINK

20 ml Vanillewodka, eisgekühlt
10 ml Kaffeelikör
1 Schuss Cointreau-Orangenlikör
160 ml Cola, eisgekühlt

1. Den Wodka, den Kaffeelikör und den Cointreau in ein Glas geben. Mit der Cola aufgießen, kurz umrühren und sofort servieren!

Trollpopel

ZUTATEN
FÜR 4 PORTIONEN

4 EL Öl
120 g Popcornmais
40 g Butter
3 EL Wasabipaste
2 TL Zucker
Grüne Lebensmittelfarbe
1 TL Salz

1. Das Öl in einem großen Kochtopf bei hoher Hitze auf dem Herd erwärmen. Ein Maiskorn zur Probe hineingeben; sobald das Korn aufploppt, ist das Öl heiß genug. Dann den übrigen Mais in den Kopf füllen, den Deckel auflegen und bei mittlerer Hitze unter gelegentlichem Schütteln erhitzen, bis die Plopp-Geräusche schließlich nachlassen. Vom Herd nehmen. Achtung: Den Topf die ganze Zeit über zugedeckt lassen! Den Deckel erst abnehmen, wenn das Popcorn vollständig aufgeploppt ist!
2. In einem kleinen Topf bei geringer Hitze die Butter schmelzen. Die Wasabipaste, den Zucker und etwas grüne Lebensmittelfarbe dazugeben und alles gründlich zu einer glatten, grünen Creme verrühren.
3. Das Popcorn in eine große Schüssel füllen, die Wasabibutter und das Salz dazugeben, alles gut durchmischen und sofort servieren.

POLYJUICE POTIO
FROM THE APOTHECARIUM OF HORACE E F SLUGHO

Vielsafttrank

ZUTATEN
FÜR 1 VERWANDLUNG

Einige Eiswürfel
2 cl Blue Curaçao-Sirup (ohne Alkohol)
10 cl Orangensaft
10 cl Mineralwasser (mit Sprudel)
1 Minzstängel, als Garnitur (optional)

1. Einige Eiswürfel in ein Longdrinkglas geben. Den Blue Curaçao und den Orangensaft hinzufügen und mit dem Mineralwasser aufgießen. Langsam umrühren, damit sich alle Flüssigkeiten gut miteinander verbinden und der Drink einen satten Grünton annimmt.
2. Auf Wunsch mit einem frischen Minzstängel garnieren.

DOBBYS HAUSELFEN-TIPP: Um diesem Drink ein bisschen mehr Wumms zu verleihen, die alkoholfreie Blue Curaçao-Variante einfach durch die mit Alkohol ersetzen, 2 cl Wodka dazugeben und das Ganze anstatt mit Mineralwasser mit Sekt aufgießen!

Würgzungentoffees

ZUTATEN
FÜR CA. 5-6 PORTIONEN

Ca. 25 TUC-Cracker
220 g Butter
200 g Zucker
350 g weiße Schokolade, grob gehackt
Bunte Schokolinsen
Bunte Streusel

1. Ein kleines Blech mit Backpapier auslegen und den Backofen auf 170 °C Ober-/ Unterhitze vorheizen.
2. Die Cracker in einer gleichmäßigen Schicht nahtlos auf dem ganzen Blech verteilen. An den Rändern der Form ggf. Stückchen von den Crackern abbrechen, damit sie sauber abschließen.
3. Die Butter und den Zucker in einen kleinen Topf geben geben und bei mittlerer Hitze unter regelmäßigem Rühren langsam zum Kochen bringen. 2 Minuten köcheln lassen.
4. Die Butter-Zucker-Masse gleichmäßig über die Cracker gießen, mit einem Küchenspatel glatt verstreichen und für ca. 10 Minuten in den vorgeheizten Ofen geben. Dann aus dem Ofen nehmen und einige Minuten abkühlen lassen.
5. In der Zwischenzeit die weiße Schokolade in einer kleinen Schüssel über einem Wasserbad schmelzen. Dabei darauf achten, dass die Unterseite der Schüssel das Wasser nicht berührt. Die geschmolzene Schokolade dann gleichmäßig über die ausgekühlten Toffeecracker geben und mit dem Küchenspatel behutsam glattstreichen. Jetzt nach Herzenslust mit den Schokolinsen und den bunten Streuseln dekorieren und anschließend aushärten lassen.
6. Die Würgzungentoffees auf einem Schneidebrett mit einem großen, scharfen Messer nach Belieben in Stücke schneiden und in einem luftdicht verschließbaren Behältnis lagern.

Zauberstäbe

ZUTATEN
FÜR CA. 25 ZAUBERSTÄBE

250 g Mehl
½ Päckchen Trockenhefe
1 Prise Zucker
125 ml lauwarmes Wasser
2 EL Olivenöl
1 TL Salz
Getrocknete Kräuter, nach Wahl
(z. B. Basilikum, Oregano, Thymian)

1. Das Mehl und die Trockenhefe in einer Schüssel vermischen. Zusammen mit allen übrigen Zutaten so lange verkneten, bis ein geschmeidiger Teig entsteht, der nicht mehr klebt und sich von allein von den Rändern der Schüssel zurückzieht. Bei Bedarf noch etwas mehr Mehl einarbeiten. Den Teig anschließend abgedeckt mit einem sauberen Küchentuch an einem warmen Ort 1 Stunde gehen lassen.
2. Derweil den Backofen auf 180 °C Ober-/Unterhitze vorheizen und zwei Backbleche mit Backpapier auslegen.
3. Den Teig nach dem Aufgehen noch einmal gründlich mit den Händen durchkneten und auf einer leicht mit Mehl bestreuten Arbeitsfläche mit einem Nudelholz möglichst dünn ausrollen. Mit einem scharfen Messer oder einem Pizzaschneider in schmale Streifen von ca. 1 cm Breite schneiden. Diese dann zu dünnen, ca. 25 cm langen Stäben rollen, mit etwas Abstand zueinander auf die vorbereiteten Backbleche legen und mit ein wenig Wasser bestreichen. Nach Belieben mit getrockneten Kräutern bestreuen.
4. Ca. 12-15 Minuten im vorgeheizten Ofen backen, dann herausnehmen und vollständig abkühlen lassen, damit die Zauberstäbe möglichst knusprig werden.

Ebenfalls erschienen:

Tom Grimm:
Die Bucket List für Potterheads – 250 Dinge die man als Harry-Potter-Fan getan haben sollte

112 Seiten, 169 x 211 mm, Paperback
ISBN 978-3-96664-127-2
(€) 9,99

Tom Grimm:
Das inoffizielle Kochbuch für Harry Potter Fans.

192 Seiten, 189 x 230 mm, Hardcover
ISBN 978-3-95843-937-5
(€) 19,99

Tom Grimm

Folgen Sie mir auf

@tom.grimm.autor

@tom.grimm.autor

@tom_grimm_autor

www.grinningcat.de